AGILE BY CHOICE
A Workbook for Leaders

走向敏捷

领导者敏捷管理手册

[瑞士] 卢卡斯·米歇尔 ◎著
Lukas Michel

傅永康 陈万茹 ◎译

Lukas Michel. Agile by Choice: A Workbook for Leaders.

Copyright © Lukas Michel, 2021; LID Publishing Limited, 2021.

Simplified Chinese Translation Copyright © 2023 by China Machine Press.

Simplified Chinese translation rights arranged with Lukas Michel through Andrew Nurnberg Associates International Ltd. This edition is authorized for sale in the Chinese mainland (excluding Hong Kong SAR, Macao SAR and Taiwan).

No part of this book may be reproduced or transmitted in any form or by any means, electronic or mechanical, including photocopying, recording or any information storage and retrieval system, without permission, in writing, from the publisher.

All rights reserved.

本书中文简体字版由 Lukas Michel 通过 Andrew Nurnberg Associates International Ltd. 授权机械工业出版社在中国大陆地区（不包括香港、澳门特别行政区及台湾地区）独家出版发行。未经出版者书面许可，不得以任何方式抄袭、复制或节录本书中的任何部分。

北京市版权局著作权合同登记　图字：01-2022-2431 号。

图书在版编目（CIP）数据

走向敏捷：领导者敏捷管理手册 /（瑞士）卢卡斯·米歇尔（Lukas Michel）著；傅永康，陈万茹译 . —北京：机械工业出版社，2023.8

书名原文：Agile by Choice: A Workbook for Leaders

ISBN 978-7-111-73629-5

I. ①走… II. ①卢… ②傅… ③陈… III. ①企业领导学 – 手册 IV. ① F272.91-62

中国国家版本馆 CIP 数据核字（2023）第 145250 号

机械工业出版社（北京市百万庄大街 22 号　邮政编码 100037）
策划编辑：孟宪勐　　　　　　　责任编辑：孟宪勐　　岳晓月
责任校对：丁梦卓　陈　越　　　责任印制：刘　媛
涿州市京南印刷厂印刷
2023 年 11 月第 1 版第 1 次印刷
147mm×210mm · 8.5 印张 · 1 插页 · 142 千字
标准书号：ISBN 978-7-111-73629-5
定价：69.00 元

电话服务　　　　　　　　　网络服务
客服电话：010-88361066　　机　工　官　网：www.cmpbook.com
　　　　　010-88379833　　机　工　官　博：weibo.com/cmp1952
　　　　　010-68326294　　金　书　网：www.golden-book.com
封底无防伪标均为盗版　　　机工教育服务网：www.cmpedu.com

PRAISE
赞誉

"谈论敏捷与实践敏捷是不同的。"《走向敏捷》从本质上论证了实践敏捷的前提——敏捷始于领导者,只有领导者真正理解和做出改变,敏捷组织转型才能成功。敏捷领导力既是科学又是艺术,需要建立系统化和结构化的视角,更需要掌握有效的模型、方法和工具。本书完美地诠释了敏捷领导力的这些核心要素,是一本不可多得的佳作!

——李建昊

中国敏捷教练企业联盟(CAC)发展委员会秘书长

《走向敏捷》让在复杂环境中寻找组织管理方法的高管们大开眼界;它为在动荡时期成功管理工作和员工所需的思维转变提供了全新的视角。本书将改变您看待组织敏捷的方式。

——塞尔吉奥·西内兹，
Foundamentality 首席执行官，墨西哥

借助卢卡斯·米歇尔的《绩效三角》一书，我总是能够帮助客户成功地找到解决方案，以应对他们在管理和组织上的挑战。他的新书《走向敏捷》提供了相关的诊断和练习，使我的教练事业获得了更高的投资回报。

——理查德·伯格纳，BURGENER & PARTNER
管理咨询公司常务董事，瑞士

《走向敏捷》深入探讨了敏捷和超越。大量练习将帮助您在个人成长的道路上快速达到目标。本书以无与伦比的方式架起了个人和组织敏捷之间的桥梁。请拥有这本书吧！

——克里斯托弗·皮特，博士，
Digital Insurance 执行董事，圣加仑大学，瑞士

《走向敏捷》以发人深思的、实用的、富有洞察力的支持和工具提供了精湛的路线图，使领导者能够在短时间内做出重大改变。这是一本罕见的、与众不同的、引人入胜的书，非常值得推荐。

——安娜·玛丽亚·祖姆斯坦，
苏黎世保险公司客户体验专家，瑞士

THE TRANSLATOR'S WORDS
译者序

    本书是卢卡斯·米歇尔先生继《绩效三角》《管理设计》和《人本管理》之后的一本关于敏捷领导力方面的最新著作。作者作为瑞士的敏捷洞察管理咨询公司的创始人和咨询顾问，多年来致力于组织敏捷变革转型方面的咨询、辅导与培训服务。本书某种程度上是以作者前三本著作的核心思想为基础，并进一步加以整合与拓展而写成的。

    自从"敏捷宣言"2001年问世以来的20多年时间，敏捷在中国主要还是在IT互联网开发相关的项目管理领域探讨得比较多，不过随着VUCA时代的影响，中国企业数字化转型开始受到广泛重视与推广，而数字化与敏捷化有着千丝万缕的联系，因此近年来组织敏捷转型也成了当下国内的一个热门话题。

    中国过去的敏捷概念受IT和互联网企业的影响很大，

同时也带来了一些认识误区，仿佛敏捷只是和IT互联网行业的项目或产品开发有关的事情，但事实上，敏捷不应局限在某些特定领域，而应该是当今VUCA时代几乎所有组织都必须面对的时代转型变革。

组织敏捷转型不仅是项目或产品开发模式的敏捷化，更是组织中人的意识、观念和行为方式的敏捷转型，尤为重要的是组织管理层的敏捷转型。正如本书所言："敏捷转型始于领导者，如果领导者希望组织变得更加敏捷，那么他们首先需要改变自己，然后再进行干预以改变组织。"本书正是为那些希望改变自己从而进一步改变组织的领导者而写的。

本书的优点在于它对敏捷转型的探讨具有普遍性，完全跳出了IT互联网行业的敏捷特征，全文甚至都没有提及"敏捷宣言"和"敏捷12原则"，更多地是从商业环境、组织、心态和领导力本身来谈敏捷转型。对于心态，本书借用了提摩西·加尔韦（Timothy Gallwey）的"内心游戏"（The Inner Game）概念（参见《工作学习地图》，机工社，2003年），具有正确的心态是拥抱变化、走向敏捷的基本前提。

作者在本书中结合过去著作中的成果而正式提出的五维领导力画布很有创新意义，从人、组织、管理、工作和运营五个维度构建出一块完整的画布来探讨敏捷领导力，突破了传统的敏捷主要针对项目和产品的思维局限性，从组织层面的角度赋予了敏捷更高、更广的意义。

本书提出的 14 个"助推器"也很有启发性，它借用了诺贝尔经济学奖得主理查德·塞勒的助推理论，而助推理论本身也是非常重要的一个变革管理模型。另外这些助推器从数量上也大有向"法约尔 14 原则"和"戴明 14 原则"看齐的意思。相信这些助推器对于提升转型变革中的敏捷领导力会起到很好的促进作用。

由于本书作者本身是资深的企业诊断与敏捷转型顾问，书中有很多内容比较适合应用于敏捷转型管理咨询和培训实践，尤其本书最后提供的 21 个工具，很适合拿来作为敏捷转型工作坊的场景使用。

总而言之，我个人认为这是一本值得推荐的商业管理图书，对于敏捷转型这个时下热点话题，开辟了一个全新的从领导力方面进行探讨的视角，有其独特定位与价值，书中不少内容能直接学以致用，适合各级管理层、敏捷从业者、咨询顾问等阅读。

最后，感谢机械工业出版社的翻译邀请，也非常感谢陈万茹女士一道来翻译本书。愿本书能让读者有所收益！

傅永康

2023 年 8 月

ACKNOWLEDGEMENTS
致谢

《走向敏捷》可以追溯到20年前,在一次滑雪运动中,我第一次体验了内心游戏(inner game)。之后,在学习高尔夫球运动中,我按照同样的方法对其进行了练习。久而久之,内心游戏的理念越来越影响我在AGILITYINSIGHTS(敏捷洞察)网络的工作以及我们的商业诊断解决方案。它一直聚焦在增强意识、信任能力、授权和集中注意力等问题上。

从这个意义上说,我真切地感谢我的老师兼朋友罗伯托·布纳尔博士,他是www.flowstate.ch的所有者以及AGILITYINSIGHTS的认证导师。通过滑雪工作坊,他向我介绍了内心游戏。他的功法让我大开眼界,让我见识了以前一直藏匿的领域。谢谢您,我们将继续通过滑雪、高尔夫与我们的客户一起练习内心游戏。在当今充满活力的时代，它是如此宝贵。

我还要感谢AGILITYINSIGHTS网络的所有35名成员。他们体验了将内心游戏与工作和辅导实践相结合的试点大师班课程，来验证哪些场景是有效的，哪些是无效的，他们毫无保留地提供反馈并表达自己的想法。总而言之，《走向敏捷》是过去几年举办的多次试错研讨会的成果。感谢他们的耐心等待，从这个意义上说，《走向敏捷》也是为他们而作的。

最后，我要感谢我的妻子夏琳，她支持我深入挖掘内心游戏的工作。目前她在以自己的方式深入研究古印度阿育吠陀医学（Ayurveda）。现在该是我承担一些家务活的时候了，我很想知道《走向敏捷》和我妻子的研究之路何时会交叉或融合，以创造出我们尚未谋面的新事物。

卢卡斯·米歇尔

圣莫里茨，瑞士

PREFACE
序言

在与来自世界各地的高管一起工作时，我观察到一些反复出现的谈论主题，并逐渐认识到，企业高管所面临的最紧迫、最具挑战性的问题是如何应对不断加速的变化。需要找到有效的方法来适应客户偏好、技术、人口统计特征、员工工作感知、政府监管、全球和当地经济等方面的快速变化，这让许多企业领导者夜不能寐。有大量关于这方面主题的书，也有大量宣传不同变革流程的顾问，大多数高管的问题是"从哪里开始""怎样做会很快奏效"（因为三个月后我必须向董事会报告）。是的，众所周知，绝大多数变革举措都未能取得令人满意的结果，一些研究表明失败率高达80%，所以理性的问题就变成了"为什么要启动一个成功概率如此低的变革流程"，回答是："因为我们非如此不可，否则……"

卢卡斯·米歇尔的第四本书《走向敏捷》，构建和扩展了他在《绩效三角：如何在动荡时期管理组织和人员以实现卓越绩效的诊断式辅导》中首次描述的新模式和诊断方法。《走向敏捷》通过将读者的注意力集中在人员而不是流程上，清楚地阐明了敏捷管理与广为人知的敏捷和Scrum⊖软件开发方法的不同之处。敏捷管理建议组织的设计方式必须使整个组织的高管和员工能够做出细微的调整，以响应内部或外部的变化，而不是对组织造成破坏的复杂、耗时且成本高昂的变革举措。

在很大程度上，向敏捷管理的转变是相关工作性质以及组织中从事相关工作的人员的思维模式的转变；它挑战了高管们在MBA课程中学到的众多传统管理模式，这些模式曾在20世纪运行良好。思维模式向敏捷管理的转变必须是从最高管理层开始的有意识的决定。《走向敏捷》引导读者了解构成绩效三角的多个维度，通过练习和发人深省的提问，深入洞察组织内部以及人员动态，帮助读者在与他们的组织沟通时"豁然开朗"。对于阅读过卢卡斯之前书籍的读者，《走向敏捷》提供了对敏捷管理维度的更深入的理解。对于刚接触敏捷管理的人来说，《走向敏捷》是对现有人员管理心智模式的发人深省的探索，

⊖ Scrum是迭代式增量软件开发过程，是敏捷方法论中的重要框架之一，通常用于敏捷软件开发。——译者注

它鼓励读者询问是否有更好的方法来设计他们的组织，以最大限度地提高人员的绩效，并最终提高整个组织的绩效。

赫布·诺德教授、博士
美国波尔克州立学院

FOREWORD
前言

在本书中,我将论证敏捷始于领导者,由领导者亲自转向以人为本。如果领导者希望组织变得更加敏捷,那么他们首先需要改变自己,然后再进行干预以改变组织。从传统的命令和控制到赋能人员做出转变,需要一定的经验,而这是大多数领导者所不具备的。谈论敏捷与实践敏捷是不同的。如果没有最初的个人转变和对人员的关注,大型组织的转变注定会失败。因此,本书将指导您选择敏捷,支持您个人进行转变,并提供思路和工具来帮助您掌握将敏捷应用于组织的能力。在您选择敏捷之前,一定要先有以人为本的态度。

您语言中的细微差别揭示了您所处的位置:"赋予人们权力""设定目标""我们需要教育领导者""中层管理人员不明白""人们需要强有力的领导"。如果您自己使用这些或类似的语言,那么是时候深入研究本书并让敏捷成为您的选择了。

这是您的第一次"茶歇"(break)。如果您还没有被说服阅读《走向敏捷》,那么我建议您使用工具1"'病毒'检查"。这里的"病毒"是指有意或无意侵入您的组织以限制员工潜力的干扰。

以人为本的转变遵循以意识、洞察和学习为步骤的辅导原则。因此,《走向敏捷》就像一本工作手册,可以增强人们对"将意见转化为意义的可能性"的意识,提供区分症状与根本原因所需的洞察,并指导您学习,以便将想法转化为行动,助您实现个人转变。在通往敏捷的道路中,该工作手册将成为您在带有茶歇的旅途中的个人旅伴。

在整本书中,敏捷茶歇作为助推器,将挑战您的思维,同时提供更多洞察,并在您的敏捷之旅中推动您的决策。每个茶歇包含以下组成部分:

✏ **您的挑战**:列出它们——这会让您头脑清醒。

👓 **您的洞察**:写下它们,这样您就可以加以分享。

⊕ **您的决策**:记录它们——您需要的充分理由。

《走向敏捷》扩展了领导力,超越了我之前的三本书,它们在以下方面提供了关于敏捷和以人为本管理的不同观点:

- 《绩效三角》(2013 年)，概述了战略敏捷，包括 9 个商业案例、50 个要素和 300 个实践。
- 《管理设计》(第 2 版)(2017)，通过 16 个商业案例展示了可视化思维和规模化设计敏捷管理的过程。
- 《人本管理》(2020 年)，包括 9 个商业案例，并探讨了建立以人为本的管理和敏捷组织所需的转型过程。

《走向敏捷》为敏捷、以人为本和动态能力增加了一个新的维度。敏捷始于高管个人，他们希望自己的管理和组织向敏捷转型。《绩效三角》《管理设计》《人本管理》和《走向敏捷》结合起来（分别）形成一个模式、思维、过程和行动计划，共同提供从顶层开始的敏捷、以人为本和动态能力的整体视角：

- 如果您天生敏捷并以这种方式加以领导，我建议您使用《管理设计》，在整个组织中开展敏捷。
- 如果您负责的组织需要变得敏捷，那么我建议您阅读《绩效三角》，以深入了解构成真正敏捷组织的要素，使用这本书中的诊断工具来增强意识。
- 如果您即将开始敏捷转型，《人本管理》将帮助您与管理团队一起加快流程，使用这本书中的诊断工具来获得洞察并增强以人为本的意识。
- 如果您是数字原生代并且想要更深入地挖掘敏捷元

素，那么我建议您使用免费的 AGILE SCAN 工具（请参阅 Agilityinsights.net），找出以人为本、敏捷和动态能力，这样可以夯实您的能力底线。

- 如果您希望在与您的管理团队或组织做出改变之前，先努力使自己变得敏捷，那么请继续阅读这本《走向敏捷》，并使用"敏捷诊断"（工具 4）来指导并加速您的学习。

《走向敏捷》帮助您创造条件，让人才充分发挥潜力，以巅峰表现迎接更大的挑战，这就是以人为本的意义所在。您的个人挑战（第 1 章）设定了背景；人员、组织、管理、工作和运营的五个领导力维度（第 2 章）定义了工作环境；内心游戏（第 3 章）提供了技术；资源（第 4 章）为像您这样的人才提供了达到巅峰表现的手段。内心游戏是令扭曲思维得以放松的艺术，这是一种应对更大挑战的技术。怀疑、压力、恐惧、偏颇的关注以及限制性的概念和假设，会扭曲我们的思维、决定、行为和行动，使我们无法充分发挥潜力。内心游戏最初是由著名的网球、高尔夫等领域的图书《内心游戏》的作者提摩西·加尔韦（Timothy Gallwey，2000）提出的概念，他为人们需要什么才能更快地学习并达到巅峰表现提供了基本的洞察。

本书的完整概述如下：

- 第 1 章是敏捷之旅的助推器 #1。它可以帮助您检查商业挑战并为开始敏捷之旅奠定坚实的基础，它提供了采用敏捷的原因（Why）。

- 第 2 章围绕五个领导力维度增强您对敏捷的意识：人员、组织、管理、工作和运营。它提供了带有模型的敏捷诊断工具，以指向需要您关注的元素。因此，助推器 #2 提供了敏捷是什么（What）。

- 第 3 章探讨了内心游戏的力量，并将意识、选择和信任作为以人为本和敏捷工作的关键要素。助推器 #3 至助推器 #6 是关于如何（How）实施敏捷；以及如何使您达到清晰的心流状态。

- 第 4 章核查了您的资源：您如何利用能量、注意力焦点、时间和空间来确保有足够的资源可供使用，以实现以人为本的转变。助推器 #7 至助推器 #11 调动您的资源以使敏捷奏效。

- 第 5 章介绍了如何做决策——建立无处不在的领导力的机会。助推器 #12 将带您了解高管的工作以及敏捷系统的要求。

- 第 6 章解释了向以人为本的转变，以及如何释放您和员工的才能。助推器 #13 是关于您的思想转变将如何助您成为领导者的。

- 第 7 章建议您让团队成员参与敏捷体验。助推器

#14 围绕体验式学习提供了敏捷意识和洞察。

《走向敏捷》书后的附录列示了 21 种工具。在过去的 35 年里,我与世界各地的高管们一起使用了其中的许多工具。非常感谢我的众多专家同事,从他们那里,我借用了一些模板、想法和实践。现在,这些东西都属于您了。

以下是七个故事的开头(基于现实生活中的公司),说明了七位选择敏捷的高管的旅程。

首席执行官:创业精神。他是一家大型保险公司的新任首席执行官(CEO),该公司在全球拥有 35 000 名员工。高管们秉承"使公司变得更好"这一使命,在他们的推动下,官僚主义已经渗透到企业文化中。这种官僚主义使训练有素的高管们无法关心苛刻客户的需求。CEO 的想法是在这家曾经被称为"行业创新领导者"的公司中恢复其创业精神。其任务是围绕一个共享的敏捷议程召集所有支持人员。

经理:创新。他是一位新晋的业务高管,负责一家大型制药公司的某个部门,该公司在美国、欧洲和日本拥有 2 500 名员工。敏捷是他的选择,但他的管理团队却固守传统。问题是如何更快地实现敏捷管理,重新定义创新,并通过强大的产品渠道获得牵引力。其任务是与管理团队一起启动敏捷。

架构师:敏捷管理。他是一家总部位于瑞士的全球智库的幕僚长，面临的挑战是，将当前的业务模式与运营中保持高度灵活性的管理模式相匹配。对于一个占重要地位的年度活动，其挑战在于让员工制定出具有一定水准的议程并举办活动。其任务是让管理团队参与沟通，鼓励其成员充当敏捷架构师。

转换者：CEO办公室。她是一家拥有250名员工的南非食品生产商的CEO办公室主任。她的挑战是在整个价值链中保证高质量和在受控环境中引入敏捷。敏捷是另一种类型的管理，高管团队和经理并不清楚它有何不同。其任务是在敏捷愿望和管理现实之间进行转换。

整合者：文化。他是美国一个中型城市的经理[一]，其愿景是建立美国最好的城市管理。他在IT、机场、警察和园艺等12个部门拥有近2 500名员工和150名经理及主管，他面临着一项艰巨的整合任务，其中包括保护伞文化。其任务是让所有管理人员都参与进来，以使城市更加敏捷，服务更加友好。

董事长：增长。他是一家中东制糖初创公司的投资者、

[一] 城市经理制（city manager），美国城市政府三大市政体制之一。城市行政部门主管是城市经理，管理城市的日常行政事务，负责编制预算，指导各政府部门工作，处理人事任免等相关工作。城市经理由市议会根据其教育背景、从业经历、管理能力等聘任，对市议会负责。作为行政管理专家的城市经理相当于企业的总经理，其名称也借用企业总经理的称谓，被形象地称为城市经理。

创始人和董事长。他的挑战是根据业务增长展开敏捷管理。随着新经理和员工的频繁加入，为使其能够应对这种增长，需要通过敏捷来管理公司的发展。其任务是创建一种可以支持业务增长的可扩展模式。

高管教练：参与。她是一名高管教练，能够帮助那些面临重大转型挑战的大领导者应对自如。她面临的挑战是，她的大多数客户都需要敏捷，但很少有人意识到这种需要，甚至更少的人知道如何去实施敏捷。占主导地位的领导者希望他们的组织能够进行有效变革。其任务是与这些领导者一起启动该过程，以阻止他们的组织中其他徒劳无用的变革项目。

《走向敏捷》通过14个助推器，指导您的个人转变。它们会温和地推动您进行苍歇、思考、学习，并开始您的转变：

#1 绘制期望、战略和运营模式的三种**工具**。

#2 探索在组织和管理方面敏捷选择的五个**维度**。

#3 内心游戏的四个**原则**，帮助您更频繁地实现心流。

#4 增强意识的**亮光**，帮助您使认识更加明晰并更好地应对复杂性。

#5 选择**策略**和自我负责，尽管这是模糊的。

#6 信任的**条件**，在不确定中调动资源。

#7 管理回报率的**公式**。

#8 **能量**推动参与,但也需要补给。

#9 集中注意力并在易变的环境中学习执行的**技术**。

#10 有效利用时间的**节奏**。

#11 创建空间和担责的**协议**。

#12 在知识时代,使制定决策的**技能**成为您的优势。

#13 拥有解锁人才并释放无处不在的领导力的**心态**。

#14 建立全新体验的体验式学习**循环**,通过敏捷能力在各地发挥领导作用、以客户为中心、以人为本的管理,为社会创造价值。

《走向敏捷》通过工具和练习提供体验式支持,使领导者能够获得亲身的敏捷经验,快速学习以体验其妙处,并利用他们获得的经验将其转变为内心游戏的原则,使用资源,做出更好的决策,以便在当今世界熟练掌握敏捷。

CONTENTS
目录

赞誉

译者序

致谢

序言

前言

第 1 章　**商业挑战**　　1

　　自我　　2

　　期望　　4

　　战略　　7

　　运营模式　　12

　　成功　　20

第 2 章　**领导力的五个维度**　　23

　　人员　　24

组织	35
管理	40
工作	44
运营	59

第 3 章　内心游戏　　81

内外部的交互	84
玩转内心游戏	87
心流	91
意识	102
选择	110
信任	116

第 4 章　资源　　123

能量	129
注意力焦点	135
时间	145
空间	152

第 5 章　决策　　161

生产运营环境	163
实施敏捷决策	168

第 6 章　领导力无处不在　　177

第 7 章	体验式学习	193
附录	工具	204

1. "病毒"检查　　205
2. 挑战地图　　208
3. 茶歇一会儿　　210
4. 敏捷诊断　　211
5. 审查干系人　　216
6. 记录敏捷　　216
7. 进入心流　　217
8. 建立意识　　219
9. 您的选择　　222
10. 检查信任　　224
11. 审查承诺　　228
12. 检查能量　　230
13. 补充能量　　231
14. 集中注意力　　232
15. 时间账户　　233
16. 执行时间 101　　234
17. 调整节奏　　236
18. 执行步调　　237
19. 担责概要　　239
20. 做出选择　　240
21. 从团队开始　　243

关于作者　　245
参考文献　　246

第 1 章 商业挑战

本章将为您的敏捷之旅提供助推器 #1，它会检查您的商业挑战，为您开启敏捷之旅奠定基础。本章开头部分的"自我"为您提供创建个人挑战地图的机会，并将其与您的资源投入进行匹配。该举措将启动您的个人敏捷之旅。

"期望"能让您明确自己的目的地，梳理过去、现在和未来，明确构建敏捷之旅的意图。接着，清晰的组织战略将指明您敏捷之旅的方向，并作为一项选择来确定您的主要商业模式。您的业务决定了您的主要运营模式，是选择传统型还是选择敏捷型。为做出选择，我们需要引入"分裂"（schism），将经营管理划分为领导力（个人）和系统（制度）。

领导力部分说明为什么使用《走向敏捷》，并通过转变至"以人为本"来开始旅程。

助推器 #1：绘制挑战地图

通过期望、战略和运营模式来启动您对敏捷选择的思考。

现在，请从您自己开始吧。

自我

让我们从您自己以及让您在凌晨 3 点醒来的挑战开始。本节中所概述的流程创建了您的挑战地图，并将它与您的资源进行对照。了解自己以开启您的个人敏捷之旅。挑战地图为您奠定了基础。

为应对具有不确定性的复杂的和动态的挑战，领导者必须拓展他们的技能，将新旧信息结合起来。以下三种方法可以帮助您拓展思路。

- **应用**：将未知与已知联系起来。这是一种思维方式，通过已知计划和实施的流程及方法来快速交付结果。激活过去的经验以找到解决方法。
- **专业知识**：深入了解特定问题。当出现新问题，或者现有方法无法解决问题时，拥有主题知识的专家会做出贡献。专家添加新的见解和分析诊断，这会产生适合特定情况或环境的解决方案。
- **起源**：通过新思维找到新的解决方案。这是一种拓宽视野的综合思维和整体思维。"双环学习"（阿吉里斯，1991）和"系统思考"（圣吉，1990）通常会有所帮助。假设即问题，常规回答是经过测试的，该思路能获得对复杂问题的进一步洞察。因此，新的解决方案就会诞生。

当现实与计划冲突时，是时候茶歇一会儿并进行思考了。使用工具2"挑战地图"，结合工具3"茶歇一会儿"，开始吧。

挑战茶歇将帮助您识别最紧迫的挑战，并确定解决这些挑战的有效方法。当您继续阅读《走向敏捷》时，您可能会再次回到您的挑战上来。挑战地图将指引您在实现敏捷的过程中转向以人为本。

我的商业挑战茶歇

通过以下步骤，确定您的商业挑战：

✎ 您的挑战是什么？使用工具2"挑战地图"。

_____

_____

👓 应对挑战所需的能力和资源是什么？

_____

_____

🎯 您打算如何应对挑战？

_____

_____

期望

"期望"决定您的目的地，阐明您的意图并构建您的敏捷之旅。它是将过去、现在和未来折叠成当下。

人们都希望在自己所做的事情上取得成功。组织寻求额外的增长，但"增长是计分板，而不是游戏"（哈默，1998）。我们希望降低交易成本，但每个新增的交易都会增加成本；我们想要更高的绩效、更少的风险，但是更多的控制往往会导致相反的结果。我们感觉似乎正在失去控制。作为个体，我们寻求乐趣、意外收获、绩效和心流；我们扩展极限，承担更多的风险；当需要新技能时，我们只会利用现有技能来应对全新挑战。组织和个人面临着来自外部游戏的挑战，这种游戏，对组织和个人要求更高,需要其具备新的能力和技能。外部游戏代表了从现在到未来目的地的旅程中,您和您的组织所期望遇到的所有决策、挑战、干扰、机会和目标。

通往成功的道路从来都不是一条直线。通过物理学中的路径效应,我们知道发展通常不是计划的结果,而是所有可能路径的组合。当挑战发生变化时,现实会影响计划,干扰会使您无法发挥潜力。面对全新机会,需要做出决策进行改变。对未来的期望(见图1-1)必须包括适应挑战的能力,在正确的时机抓住机会,以及领悟到干扰会限制潜力的发挥。由于存在众多未知,您的计划很可能会像过山车一样,有时它们会表现得更好,有时则会更糟。

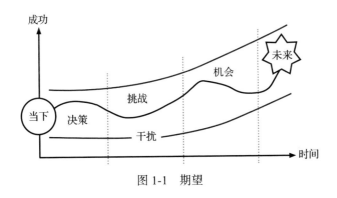

图 1-1 期望

从哪儿开始呢?我们需要一个清晰的图来开始旅程。具有现实感的意识有助于我们深入了解当前的现实。绩效发生在当下,将过去、现在和未来折叠成当下,可以称为"过去—现在—未来"。当我们同时看到这三者时,就会出现心流,绩效就会与我们的潜力相匹配。

两级管理是以一种间接的、观察的、协商的方式来完成工作,它表明领导者需要创造现实,以便于以目标为导向的方式行事。管理的任务是调动员工建设未来的积极性,而不是控制不可控因素。一旦认清了现实,其任务就是将"认清的现实"视为现实(一级管理),观察人们的变化并适应新的现实。因此,管理质量是企业当前绩效和发展的关键。

当您从团队中听到以下任何一种情况时,您就应该做出选择了:

- "这只是一个执行问题……"
- "这是一致性的问题……"
- "我们只需要更加专注……"
- "这是监管的错……"
- "我们竞争对手的行为不合理……"
- "我们正处于过渡期……"
- "每个人都在赔钱……"
- "亚洲/拉丁美洲市场变糟糕了……"
- "我们正在进行长期投资……"
- "投资者不了解我们的策略……"

找借口不等同于做出选择。下面的期望茶歇将帮助您确认期望并做出选择。

我的期望茶歇

✏️ 您的抱负应该是什么？您期望您的企业十年后是什么样子？

_____

_____

_____

👓 您预计会遇到哪些机会和挑战？

_____

_____

_____

🎯 您希望如何快速到达目的地？

_____

_____

_____

战略

敏捷之旅的下一个突破点是组织的战略。清晰的战略可以指导您的商业模式，为您的敏捷之旅指明方向。

定位

战略决定您的商业模式和运营模式，它们标志着每个敏捷之旅的起点。哈克斯和迈勒夫（1996）提出了9种不同的战略，涵盖了大多数企业的生态系统，无论是初创企业、传统组织，还是平台或网络公司。这些选择以表格形式呈现，使其定位与公司的核心流程保持一致。图 1-2 提供了 9 种不同的商业战略供您选择，以帮助您确定主要战略。

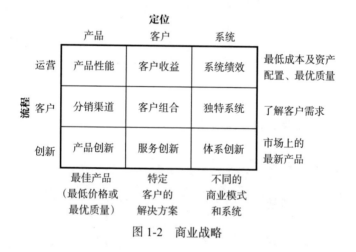

图 1-2　商业战略

最优的产品性能通常建立在传统的竞争形式之上，通过低成本或引入差异化的新功能来吸引客户。创新集中在内部产品开发上,为客户提供整体解决方案的策略是对最佳产品方案的完全逆转,它不是将客户商品化,而是建立对客户和客户关系的深刻理解。整合供应链,将关键供应商和客户联结起来。创新旨在共同开发特色产品。系统战略包括扩展型企业,将客户、供应商和互补者作为一个网络、一个平台或一个生态系统,可以跨越从产品到交付的整个价值链。分销渠道是一个关键的考虑因素,因为它涉及所有权或准入限制。

将关键活动与三个战略相结合,遵循三个适应性过程:运营效率、客户定位和创新。运营是对产品和服务的生产和交付,运营效率旨在最有效地使用机器和基础设施等资产,以支持公司所选择的战略定位。客户定位是对客户界面的管理,它应搭建公司最佳的营收框架。创新是对新产品的开发,它应确保源源不断的新产品和服务,以维持企业未来的生存能力。

商业模式

有了清晰的战略之后,您现在可以确定主要商业模式了:利用(Exploitation)型商业模式或探索(Exploration)型商业模式。利用型商业模式关注的是决策、效率和选择,而探索型商业模式则关注的是搜索、变化和创新。

- **利用型商业模式**：与詹姆斯·马奇（1991）的观点一致，"利用包括细化、决策、生产、效率、选择、实施、执行等内容"。利用包括对现有技术的改进，需要个体的协调（诺特博姆，1999）。
- **探索型商业模式**：正如詹姆斯·马奇（1991）进一步指出的那样，"探索包括由搜索、变化、冒险、实验、玩转、灵活性、发现、创新等术语捕获的事物"。探索是一个适应性强且灵活的过程，它必须使自己适应公司可开发的新配置，并从个体偏差中产生，作为创新的源泉（诺特博姆，1999）。
- **混合型商业模式**：在争夺同一稀缺资源时，利用哪种模式会陷入两难境地，那么就将利用型商业模式和探索型商业模式结合起来。其挑战在于以一种保证公司生存的方式将两者结合起来——在变化与选择、变革与稳定之间进行权衡。这种结合意味着，在组织中学习和知识传播并驾齐驱。

运营效率与利用有关，创新与探索有关，混合模式则结合了利用和探索。战略茶歇将帮助您确定战略并选择您的商业模式。

我的战略茶歇

✏️ 您目前的主要商业战略是什么,您未来的主要商业战略是什么?

您目前的主要商业模式是什么,您未来的主要商业模式是什么?

请记住,商业战略和商业模式必须匹配。

👓 您目前和未来的商业战略及商业模式是否不同?

在判断您目前和未来的商业战略与商业模式是否不同时,请运用判断力和良好的决策。

- 信息总是不完整的。
- 时间永远不够,而且总是用错时间。
- 决策总是困难的。
- 不够明确导致决策困难。
- 决策总是包含不确定性和风险。

◎ 您预计会在您的商业战略和商业模式中做出哪些改变?

运营模式

业务运营模式决定主要运营系统,这是您的敏捷之旅中的下一个重要决策。一面是传统型管理,另一面是"以人为本"或动态行事方式,接下来要做的是在两者之间做出选择。

这一选择至关重要,因为它决定了您的组织如何运营、竞争和协作。在当今世界若想取得成功,"以人为本"和"动态管理"是不可或缺的两种能力,无论是针对个人、组织,还是管理。

如今,领导者所面临的商业环境在很多方面都与过去不同,这是一个动态环境,"易变性、不确定性、复杂性和模糊性"(VUCA)不断增加。在研究中,我和我的同事(米歇尔、安岑格鲁伯、沃尔夫、希克森,2018)已经明确指出,数字化以及不断变化的工作性质引发了对"以人为本"和"动态响应"的需求。数字化降低了信息搜索成本，强化了内外部环境变化的动力；工作性质的改变需要有以人为本的能力，即有效地应用分布式知识和领导力。外部挑战的变化加速了稳定系统向动态系统的转变，知识和领导力的分布将管理模式从传统模式转变为以人为本的模式。

敏捷是一种选择，在完成工作上，敏捷不同于传统方式（见图1-3），传统方式在稳定的环境中运行良好，但在新的动态环境中却容易失败。

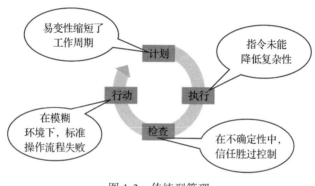

图1-3 传统型管理

传统的"PDCA"方式遇到了麻烦：

- **计划**（Plan）：易变性缩短了工作周期。
- **执行**（Do）：指令未能降低复杂性。
- **检查**（Check）：在不确定性中，信任胜过控制。
- **行动**（Act）：在模糊环境下，标准操作流程失败。

新环境（见图 1-4）区分了传统型管理和敏捷型管理。在稳定环境中，知识集中于高层，传统型管理运作良好。在知识分布于各处的动态环境中，则需要敏捷型管理，以及无处不在的以人为本的领导力。

	我的环境	
稳定		动态
运营	我的核心流程	创新
利用型	我的商业模式	探索型
传统型	←――――→	**敏捷型**
控制	我如何领导	赋能
目标	我如何吸引人员参与	目的
交易	我看重的是	知识
有形的	我测量的是	无形的
教育	我如何学习	经验

图 1-4　新环境

主要环境决定业务的核心流程，商业模式表明了您在传统型和敏捷型运营模式之间的位置，先确定主要管理模式，再明确运营模式。

但在执行前，我们需要停顿一下：思考自己和组织。如今的工作需要协作和合作，由于大多数工作涉及多人，所以我们需要将视野扩展到管理人员之外。为继续探讨敏捷，讨论运营模式，我们需要引入一种划分：一个将经营管理划分为领导力（个人）和系统（制度）的关键节点。

高管层并非孤立运作，他们与管理团队一起领导员工，并忧心整个组织的运行。尽管"在系统中工作"是本书的重点，但如果忽视"在系统上工作"或敏捷性要素，我们就无法谈论执行效率。表1-1将执行的概念分为个人和制度。

表1-1 个人和制度

个人：领导力	制度：系统
杯子半满或半空	杯子可能需要两倍大
在系统中工作	在系统上工作
员工发展	动态系统开发
英雄主义观：领导者就是英雄	后英雄主义观：集体思想
硬性：很难改变	柔性：可以改变（与主流观点相反）
以人为本的思想源泉	创造机会的条件

这种分裂有助于我们进一步挖掘以人为本的思想源泉，同时，便于讨论应用良好领导力所需的条件。作为一名高管，您有责任和权利（担责）来塑造您自己以及组织中每个人的条件。

但请注意：在个人和制度的冲突中，制度总是会获胜。制度缺陷总是个性化的，失败冲突总是如出一辙。第1步：人们注意到制度的干扰或错误（"是什么"）。第2步，错误落到个人身上（"应该是什么"）。这就是为什么您应该同时关心领导力和系统。

图1-5在环境设置中介绍了领导力和系统：传统的、动态的以及以人为本的运营模式。手段（系统）和目的（人员、领导力）的结合构成了四种运营模式：控制型、参与型、变革型和赋能型。

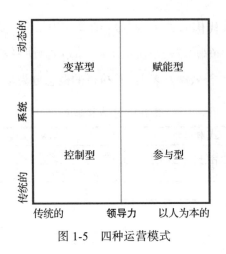

图1-5 四种运营模式

- **控制型**:在稳定环境中,知识集中于高层,传统管理和制度控制占据主导地位。思想和行动是分开的,这验证了传统的等级控制。传统管理通过短期目标来实现直接控制,交互侧重于传播战略和统筹绩效。领导者做出决策,短期目标能让人员保持专注,以使他们处于正轨。

- **参与型**:在少有变化的知识驱动型环境中,参与模式占据主导地位。人员(目的)受到传统管理的严密控制,在大方向指导下,以人为本的领导支持自我负责的人员。管理层通过愿景、信念、边界和价值观来协调个人利益。正如西蒙斯(1995)所说:"在缺乏管理行为的情况下,以牺牲组织目标为代价的自利行为是不可避免的。"在等级权力和官僚制度下，自我负责和大方向是平衡的。
- **变革型**：在集中决策的动态市场环境中，通过变革直接干预占据主导地位。动态系统（手段）与传统方式相结合来领导人员（目的）。变革模式通过调控市场来运作，管理者改变资源库，通过激励措施对利益进行调整，并根据市场变化重构问责机制。
- **赋能型**：在动态环境中，知识分布于整个组织，赋能模式占据主导地位。以人为本的领导（目的）和动态系统（手段）相匹配。传统的、基于规则的管理方式是无效的，在这种条件下，赋能模式支持快速决策、主动且灵活的行动，以此带来稳健的结果。

商业模式和运营模式必须匹配。利用型商业模式倾向于控制型运营模式，探索型商业模式需要赋能型运营模式，混合型商业模式通常使用变革型或参与型运营模式。

您的主要商业模式决定了您的主要运营模式和管理模式。您选择的管理模式对领导力、组织和管理有着深远的影响。

从当前管理模式到未来管理模式的转变，可以称为以人为本的转变。本章中的观点将决定您的主要运营模式、当前及未来的管理模式。

在决定哪种模式最适合您之前，是时候茶歇一下并执行敏捷诊断了。为此，请完成书后附录工具 4 中的问题和指导。

诊断问题将通过其以人为本、敏捷及动态能力的要素，增强您对领导力关键维度的意识。它们将帮助您确定您当前的能力，这些信息将反馈到您以人为本转变的对话中去。

使用敏捷诊断的结果，运营模式茶歇将帮助您对主要运营模式和管理模式做出选择。

我的运营模式茶歇

✏️ 您目前的主要运营模式是什么，您未来的主要运营模式是什么？

您目前的主要管理模式是什么，您未来的主要管理模式是什么？

请记住，商业模式和运营模式必须匹配。使用"敏捷诊断"（工具 4）中问题 17 ~ 20 的结果，在下图中绘制您的当前状态，这将为您提供主要的运营模式。

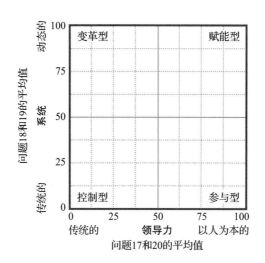

👓 您目前和未来的管理模式是否不同?

⊕ 您所预期的以人为本的转变是什么?

成功

难道领导力不重要吗？这不仅仅是一个反问。当我们提到成功、结果、绩效和心流等时，良好的领导力是否会有所作为？即时回答是肯定的。否则，我们为何要参与到发展良好的领导力实践中去呢？但是，尽管有许多有趣的案例，却很难找到实质性证据来表明领导力对结果有直接影响。话虽如此，仍有大量文献解释了领导力的具体内容及其贡献。图 1-6 显示了相关因素的简单概述，目的是为说明绩效三角的三个部分（米歇尔，2013），即领导力、系统和文化，解释那些可以被管理和影响的事物。

$$成功 = f(领导力、系统、文化、机会和风险、机缘巧合)$$

图 1-6　成功的决定因素

领导力、系统和文化是需要管理决策的可支配因素，它们可以被管理，因此可以有所作为。机会和风险取决于内在因素，是您可接受的挑战，它们也需要决策。这些因素部分取决于领导力的质量，这就给我们留下了无法控制的机缘巧合。

恰当的交互机制的使用决定了如何做出决策，这取决于领导者的技能以及支持系统的质量。将系统设计成工具、惯例和规则，为战略、结构和绩效等提供选择，以表示运营的约束限制，解释成功的某些重要方面。所有这些因素都代表了不同的执行决策，值得注意的是，投资者可以通过以下方式分散这种非系统性风险：承诺、创新、声誉、人才和（错失的）机会。

因此，我得出结论：领导者可以通过积极塑造他们的管理维度和因素（领导力、系统和文化）来发挥作用。这适用于组织的运营系统。

当知识起作用且环境呈现动态变化时，本章将敏捷与传统的工作方式区分开来。在下一章中，助推器 #2 将帮您展开可以塑造的领导力维度和因素。

我的商业挑战

必须在完成工作的传统方式（在稳定环境中运行良好，但在动态环境中失效）和敏捷方式（包括以人为本和动态管理）之间做出选择。

要点

- 敏捷，始于您自己。
- 您的管理模式决定了组织如何运营。
- 战略、商业模式和管理模式必须相互匹配。
- 您的领导力很重要——当在系统上工作时。

行动议程

- 了解自己——列出您的挑战。
- 明确您的期望。
- 确定您的战略和商业模式。
- 选定您的运营模式和管理模式。
- 使用附录中的工具 4 "敏捷诊断"。

扩展阅读

On strategy: Hax, A. C. and Majluf, N. D. (1996). *The Strategy Concept and Process: A Pragmatic Approach*. New York: Palgrave.

On operating modes: Michel, L., Anzengruber, J., Wöelfle, M. and Hixson, N. (2018). Under what conditions do rules-based and capability-based management modes dominate? *Risks*, 6(2): 32.

On the diagnostic: Nold, H., Anzengruber, J., Michel, L. and Wölfle, M. (2018). Organizational agility: Testing validity and reliability of a diagnostic instrument. *Journal of Organizational Psychology*, 18(3): DOI 10.33423/jop.v18i3.1292.

第 2 章 领导力的五个维度

敏捷是领导力的一种普遍选择，它包括学习、敏捷组织、以人为本的管理、以客户为中心的战略，以及可持续的成果。本章将是您的第二个助推器，通过五个维度来增强敏捷意识，对您选择敏捷的重要性提供见解。在这五个维度中，人是一切的根本，而领导力将无处不在：

（1）**人员**：内心游戏与学习。
（2）**组织**：敏捷绩效三角的要素。
（3）**管理**：四个以人为本的杠杆。
（4）**工作**：以客户为中心。
（5）**运营**：动态的能力与成果。

敏捷成熟度等级（稍后在运营部分进行介绍）为您确定组织所处的位置提供了一个量表。画布（见图2-10）

包含了这五个维度,作为一个工具,您可以通过它来记录您的敏捷之旅。这有助于您在系统上工作。

助推器 #2:探索维度

通过人员、组织、管理、工作和运营等维度,展开您对敏捷的思考和选择。

现在从人员维度开始,将"敏捷诊断"(工具4)的结果与视觉效果相结合,以提炼组织的敏捷能力,并使用画布记录您的假设和原则、潜力、干扰、差距、关键问题、举措、路线图(见图2-10和工具6"记录敏捷")。

人员

人员维度(见图2-1)针对作为领导者或员工的个人。它关注的是做出决策的人。他们玩转内心游戏和外部游戏(加尔韦,2000),这样,敏捷就具备了在任何场合分配领导力的潜力。本节帮助您确定与您切身相关的内心游戏的原则。

为抓住相关机会,人们不得不迎难而上,积极应对个人挑战(内心游戏)和外部挑战(外

图2-1 人员维度

部游戏)，这将外部游戏与工作的内心游戏联系起来。从这个意义上说，外部游戏代表了人们在执行任务时所面临的组织内部和外部的挑战，需要建立桥梁以将个人和组织内部的干扰降至最低，因为干扰限制了潜力的发挥，并降低了整体绩效。

新工作则有所差别，数字化为领导力、组织和管理提供了全新的工作方式。知识作用显现，责任和激励构成了全新的工作竞技场。

知识作用

"知识作用"意味着人们拥有行动和决策的全部能力，而不只是领导者专属。分布式决策需要一个敏捷的运营环境，人们可以在其中充分发挥潜力。这与传统的"控制模式"原则形成鲜明对比，传统的"控制模式"原则是通过干扰来阻止人们利用他人的知识和经验，以此抓住机会。在敏捷模式中，思想和行动是统一的。知识作用由以下五个要素组成。

- **理解**：信息和即时反馈增强了对重要事项的意识，这有助于人们理解重点并集中注意力。更深入的理解要求发声源没有被屏蔽，且扩音器正常工作。
- **思考**：知识型员工有一套思维导图，可以帮助他们理解情况并做出决策。组织的好处在于，还有来自个人的思考，也有集体的思考。这种思维需要一个创造意义的机会，做出一个深思熟虑的选择，并朝着相同的方向前进。

- **行动**：这涉及将想法转化为行动。任务是调动资源以完成工作。人们总是把能量放在他们关心的事情上，人的能量通过行动才会变得有意义。拥有应用知识、支持和平衡自由与约束的机会，才能为组织做出贡献。卓越的贡献建立在对他人的信任以及人与人之间信任的基础之上。

- **参与**：注意力是有限的资源，需要消耗能量才能将其维持在较高水平。必须集中注意力以防止来自竞争需求的干扰。较高水平的参与需要信念、动机和目标。

- **坚持**：能量增加了组织边界的吸引力和积极的张力，即安全地留在边界内与寻找边界外的机会之间的拉扯。这种紧张关系需要在效率和创业精神之间取得平衡，高水平的坚持可以保持良好的平衡。

表 2-1 根据这五个要素对比了传统和敏捷方法的知识作用。

表 2-1 知识作用对照

	理解	思考	行动	参与	坚持
在敏捷环境中……	利用信息完成工作	做出决策	受到目标感的激励	有明确的优先事项	被授权并清楚规范
员工利用其潜力	无限多信息	无限多机会，鼓励冒险	压力增加	注意力有限，资源有限	越界的诱惑越来越大
在传统环境中……	信息仅限于高层	领导者做出决策	领导者激励绩效	员工执行……	……并控制工作的进展
员工受限	缺乏信息	缺乏机会，害怕风险	缺乏目标	目标冲突，缺乏资源	缺乏边界

敏捷假设了员工的心态，即他们希望通过以目标为导向的方式贡献、发展和工作，这与人们受到激励、控制和培训的传统假设形成鲜明的对比。表 2-2 说明了员工和领导者的差异。

表 2-2 工作假设

敏捷假设	传统假设
知识型员工……	相较于……
想做出贡献	不亲自做事
想做正确的事	需要被培养
想要实现	需要被指导
想要创新和发展	做被告知的工作
敏捷领导者……	相较于……
提出问题并集中注意力	激励并做出决策，告诉人们该做什么
营造环境	判断并审查
支持创造力	身处高层，提供指导
建立关系	有责任心，有权改变和制定规则

在敏捷的环境中，领导者有一个全新的角色：营造一个人员可以释放全部才能的工作环境。

人才

"我们只聘用最优秀的人才"，说这话很容易，但谁会雇用那些没有才华的人呢？没有人会这样做。那么，什么是人才呢？

当我们谈论人才时，我们会假设人们拥有达到最佳绩效的必要技能，但人才不仅于此。人才需要超乎常人的动机和快速提升的能力，动机和学习将人才与具有合适技能的人员区分开来。有鉴于此，很显然，有才华的人需要机会来展示他们的技能，以及一个可以创造巅峰绩效的环境。

动机和学习是人才共有的责任。自我负责是动机的源泉，它适用于选择敏捷的组织，以确保自我负责的人员可以发挥自身的潜力，并且将干扰控制在个人可以处理的范围之内。个人和组织，之间也可以共享学习，这需要学习的意愿和学习的机会。通过这种方式，充分利用员工才能的组织，可以选择敏捷并提供学习机会。

责任

组织结构和担责相辅相成。领导者不用重新设计工作,而是应该重新考虑他们的授权方式。授权意味着对整件事情负责,思考和行动要保持一致,谁做出承诺,谁就承担责任,并做出决策。

担责是指对某人或某事负有责任,有义务向某人报告,并同意共同的评估标准。自我负责是对自己的动机承担责任,它意味着自主行动的选择,采取主动的愿望和对创造性行动的回应。

责任是动机的第一来源。你投入什么就会得到什么,人们接受责任并对结果承担责任。责任需要选择,这是一种道德立场。

表2-3显示了担责和责任之间的区别。简而言之,管理担责是管理(系统)的系统性内容,创造担责文化属于领导力范畴。假如无法担责,那么就不能授权,担责源于授权的任务。"不担责"是对明确定义的工作、获得的职位和给定的目标的一种心理,敏捷需要担责和责任。

表 2-3 担责和责任之间的区别

担责	责任
担责是为权利和权力创造的责任,以实现结果	责任是履行的义务
制定、维护和管理协议与预期	归属感
不能授权	可以授权
无法共享	可以共享
输出、提供解决方案、履行	任务、项目

激励

激励是责任,也是能量,绩效则是结果。在大多数组织中,激励是个问题,因为它没有被充分理解。科学无法解释是什么激励人们去表现,但我们清楚地知道,是什么让我们失去了动力。激励的若干方面如下:

- 人们的动机是出于自己的意愿。
- 激励是每个人的责任。
- 大多数领导者缺乏对员工的激励。
- 集体士气低落是一种强大的病毒(参见工具1)。
- 激励有负面影响。
- 领导对员工的激励总是迟到。
- 系统性激励总是导致系统性破坏。

领导者的激励是员工个人无法左右的行为。因此,它破坏了自主性、主动性和创造力,这就是为什么领导者需要关注激励。

个人绩效是准备、能力和机会的综合结果。自我决策是个人的责任,该制度设计了如何对个人施加外部控制的框架。

谁对责任和激励担责

在给组织补充能量时,有不同的角色分工:员工个人责任、共同责任和制度责任。表2-4确定了以下激励的来源：

- **准备**：担责在于个人。责任是激励的动力：内部契约是人们完成工作的前提，外部契约是一种外部控制工具，制度用来激励员工朝着期望的方向去努力。
- **能力**：个人和制度对能力共同担责。组织的能力管理机制定义了人才需求并提供了发展机会，但要使这种方法奏效，个人必须选择学习。
- **机会**：需要给予员工发挥作用的空间和机会，这是制度唯一要承担的责任。领导者代表制度，并负责创建具有充足资源、规则和流程的高效工作环境。创建这样的环境可以节省大量的管理时间，并将重点放在机会而不是无效的控制上。

表2-4 激励的来源

	个人：自我负责	**制度**：外部控制
准备：想要……担责在于个人	责任、意识、专注、内部契约	目标、外部契约、意识
能力：能够做到……共同担责	选择、技能、学习	发展、能力
机会：可以做……担责在于制度	该制度为个人提供场所、工作和就业机会	自由度（活动空间）、资源、流程、工具（系统）

敏捷工作依赖于具有自我责任感的人，他们备受源

于责任感的激励。因此，当谈到激励时，正确地落实责任和担责是关键要素。

内心游戏

高管们玩转内心游戏以应对外部游戏的挑战。他们做出决策：理解、思考、行动、参与和坚持，他们承担责任并对结果负责。他们的动机来自个人责任与制度提供的机会和系统的结合。意识、选择、信任和专注构成了内心游戏。

意识、选择和信任帮助人们专注于重要的事情，结果就是产生心流——学习、表现和创造力达到巅峰状态（米哈里·契克森米哈赖，1990）。它将控制权转移给学习者，并将领导者重新定义为教练这一角色。

意识是通过将观察到的数据转化为信息，而不对其做出判断来进行学习，它对当下有一个清晰的认识。非判断性意识是最好的学习方式，领导者可以在自信的意识和外部控制之间做出选择。

选择是责任的前提，选择负责并朝着期望的方向前进。选择意味着自我决策，而规则是由外部确定的，领导者需要在选择和规则之间做出选择。

信任意味着速度和敏捷。这是有史以来最低代价的领导力概念，也是每笔商业交易的基础。有了信任，当情况有变时，就不需要重新谈判合同。领导者可以在信任和不信任或责任和外部控制之间做出选择，但必须赢得信任，赢得信任的最佳方式是兑现承诺。

专注意味着自觉地关注最重要的事情，这是一种消耗能量的、有意识的行为，人们面临的挑战是在一段时间内保持专注。领导者可以在自觉专注和目标实现之间做出选择。

敏捷的选择取决于高管玩转内心游戏的能力。内心游戏为每个个体的学习和执行提供了最重要的原则和技巧。2000年，加尔韦在《工作的内心游戏》(*The Inner Game of Work*)中引入了一个简单但强大的公式：

$$表现 = 潜能 - 干扰$$

从这个意义上说，选择敏捷必须确保员工拥有一个不受有害"病毒"影响的工作环境，在这样的环境中，他们可以释放自己的全部潜能并展现巅峰表现。本章的下一节"组织"将介绍这一点。考虑到内心游戏的重要性，第3～6章专门介绍如何玩转这种游戏。

清楚地了解知识作用、责任、激励和内心游戏，作为高管，您就有权利和权力做出敏捷选择，并根据以人为本的原则创建工作环境，这是一个可以在整个组织中分配领导力的选择。接下来是您的人员维度茶歇。

我的人员维度茶歇

✏️ 您的员工面临哪些挑战？使用"敏捷诊断"（工具4）中问题 12～15 的结果。

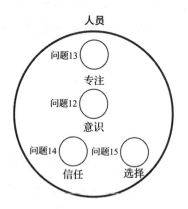

👓 您预计会遇到哪些机会和挑战？

⊕ 您希望如何快速达到目标？

组织

现在,作为一名选择敏捷并参与内心游戏的高管,是时候考虑您的组织成功所需的运营环境了。在本节中,您可以识别组织的运营环境,敏捷组织的要素是可支配因素,需要对其进行设计和决策。

敏捷组织的要素是什么?绩效三角对运营环境进行了建模(见图2-2),文化、领导力和系统位于各角,成功位于顶部。有效的敏捷行动需要一种创造共享环境的文化。领导力是互动的,以促进围绕目标、方向和绩效的对话场景。系统以诊断方式工作,它将注意力集中到那些最重要的方面,以允许对偏离所选路径的情况采取自我指导的行动。共享环境、人员交互以及动态控制构成了敏捷组织的能力,它们一起帮助人们及早发现微弱信号,允许对这些信息进行阐释,并促成及时行动。

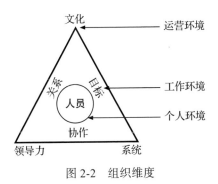

图2-2 组织维度

以下是敏捷组织的要素，绩效三角结合了个人环境（人员维度）、运营环境（组织维度）和工作环境（工作维度）：

- **个人环境**：参与内心游戏的人员。
- **运营环境**：文化、领导力、系统。
- **工作环境**：目标、协作、关系。

个人环境：人员处于三角形的中心。内心游戏是员工发挥巅峰表现的手段，这种能力促成了速度。当人们运用内心游戏的原则时，领导者可以将工作授权给客户参与的前端。因此，决策是在工作完成的地方做出的，这加速了决策和行动。这就引出了人员维度。

运营环境：领导力、系统和文化的方方面面都可以实现敏捷。互动式领导是领导者和员工之间的个人互动；动态系统提供完成工作的规则、惯例和工具；文化是无形的指南和黏合剂。当领导者与员工建立联系并互动时，当系统提供指导和反馈时，当文化建立牢固的纽带时，敏捷就达到了顶峰。

工作环境：目标、关系和协作建立了韧性。当人们在工作中找到目标，当他们跨界合作，当他们建立联系以丰富自身知识时，组织就可以抵御任何来自外部的冲击。他们是有韧性的，这就引出了干系人维度。

当"病毒"潜入组织时，就到了需要大扫除的时候。

这些"病毒"包括有毒的文化、有缺陷的领导力或受损的系统（有关"病毒"的更多信息，参见工具1）。

有毒的文化：例子包括错误的操作工序、与结果没有确切联系的商业价值、玩世不恭、向上授权、集中决策时的不当理由、技术官僚的决策观或缺乏共同假设。文化受到指责是经常出现的现象之一。但文化是一种结果，一种无法直接改变的特征。有毒的文化会产生难以察觉的微妙的不和谐，修复文化需要通过精心设计和专业策划的研讨会、辅导或企业计划来改变系统和领导力。它的根源在于有缺陷的领导力或受损的系统。因此，首先要修复领导力或系统。

有缺陷的领导力：例子包括过度控制、忙碌、缺乏时间、过度关注细节、过度关注数值或低附加值。通常，组织会雇用最优秀的人才，并培训他们保持最佳工作方式或适应给定的工作模板。糟糕的领导力通常不是很多，有一种就够了。否则我们会遇到另外一个问题，只有一个解决办法——完全替换。因此，缺陷可以被定位并隔离，因为它通常存在于一个人（或一小群人）中。领导者轮岗是一种选择，但通常为时已晚，且"病毒"已蔓延。即刻的反应是显而易见的，修复领导力需要时间，而且毒素可能仍会扩散一段时间。尽管有一个"领导力修复行业"的承诺，但其成本很高，成功的可能性也值得怀疑。指导或培训有缺陷的领导者是无效的，只有他们拥有学习的意愿，才可以解决绩效问题。行为问题（或绩效和行为问题的混合）需要不同的行为选择。

受损的系统：例子包括官僚主义、不存在的惯例、形式主义、错误的设计、重新审视过去的决策、阻碍决策的缓慢执行、感染"病毒"的规则和错误的工具。通常，一套特定的系统会导致有缺陷的领导力，常见的罪魁祸首包括目标管理、激励措施、预算、资源分配和沟通。当其中任何一项被破坏时，都会影响整个组织。系统"病毒"具有巨大的影响力。人力资源官、财务官、风险官、治理官和所有其他支持官通常是原因而不是症结，可以单独优化他们，但不用互相同步。修复系统至关重要，这会影响到整个组织，因此通常存在风险。不能选择什么都不做，选择修复受损的系统相对便宜，这是一个自由选择，可以快速完成。但仅仅有修复工具箱可能还不够，可能需要一个全新的设计，例如从根本上重新思考您领导组织的方式。

工具箱损坏的征兆无处不在，其原因通常与系统有关。以上所有例子都是有毒文化、动力不足或缺乏心流体验的迹象。结果便是削弱了创造力，停滞不前。

现在，组织维度茶歇将帮助您探索需要您注意的潜力和干扰。

我的组织维度茶歇

✏️ 您的挑战是什么?使用"敏捷诊断"(工具4)问题2~6的结果。

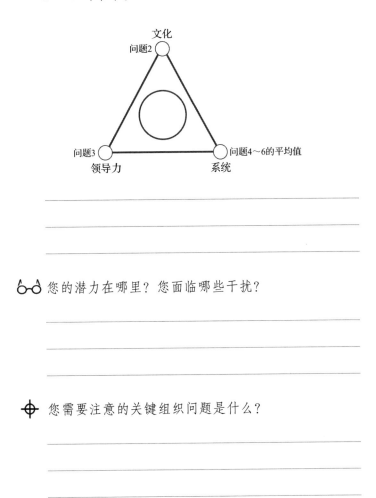

👓 您的潜力在哪里?您面临哪些干扰?

⊕ 您需要注意的关键组织问题是什么?

管理

现在，是时候将我们的视角从组织转向管理，以进一步探索敏捷选择了。本节提供了确定以人为本的管理维度的四个杠杆（见图2-3）。这些杠杆将内心游戏转化为管理周期。使用"敏捷诊断"（工具4）的结果来确定您的杠杆。

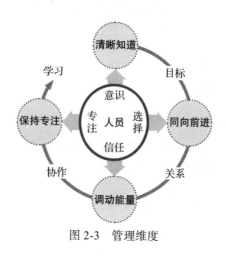

图2-3　管理维度

商业就是识别并选择机会，再将其转化为价值。以人为本，您现在可以使用意识、选择、信任和专注这四项原则来传递价值了。高管应在团队中应用以下四种以人为本的实践。

（1）**清晰知道：增强意识，帮助员工找到目标**。动机源自员工的自我负责。目标代替激励，领导者需要为员工做的是帮助他们理解什么是真正重要的事。这是识别机会和处理业务复杂性的最佳方式。

（2）**同向前进：赋能选择，鼓励建立关系以强化知识**。以人为本的领导者下放决策权并鼓励员工之间建立关系，以提高他们的技能和知识。选择和指点方向是领导者凝聚能量的手段，以帮助他们选择正确的机会并朝着相同的方向前进，以此作为他们处理分歧的方式。

（3）**调动能量：建立信任，促进协作**。以人为本的领导者基于信任来促进自组织的发展，并以此作为应对不确定性的手段。他们通过跨组织边界的协作来调动资源，并将机会转化为价值。

（4）**保持专注：集中注意力**。给学习赋能，以人为本的领导者使用信念和边界将注意力集中在真正重要的事情上。他们知道，专注使学习成为释放创造力的手段，并且，在更强的易变性的干扰下，专注是坚持所择机会的手段。

在传统管理和以人为本管理之间，四个以人为本的杠杆（见图 2-4）提供了选择：

（1）我们如何清晰知道？

（2）我们如何同向前进？

（3）我们如何调动能量？

（4）我们如何保持专注？

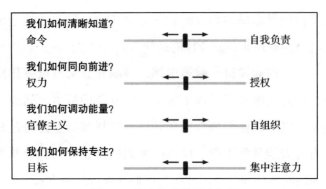

图 2-4　以人为本的四个杠杆

传统管理偏爱命令、权力、官僚主义和狭隘的目标，以人为本管理是自我负责、授权、自组织和集中注意力。现在需要从传统思想转向以人为本。

清晰知道可以识别机会。尽管很复杂，但它代表了增强意识，理解、发现目标的能力。杠杆 1 明确了我们如何帮助人们理解目标，并在传统的命令风格与通过自我负责实现敏捷之间找到目标。

同向前进是选择价值机会的能力。尽管存在模糊性，但选择需要保持一致，围绕目标和方向将人们联系起来。杠杆 2 明确了我们如何在运用传统权力和授权之间形成团队管理。

调动能量是指我们如何将机会转化为价值。这是一种信任自有资源和周围人员的能力，并在不确定的情况下完成工作。杠杆 3 明确了我们如何调动能量，并在传统的官僚机构和自组织之间寻求协作。

保持专注是坚持所选择的机会。这是一种在易变环境里集中注意力和学习的能力。杠杆4明确了我们如何在传统的目标设定和集中注意力之间保持专注和学习。

这四个杠杆提供了传统的能力和以人为本的能力之间的选择。从传统型向以人为本的转变，意味着一种不同的工作、组织和管理方式。敏捷要求以人为本。

现在是您的管理维度茶歇。

我的管理维度茶歇

您的管理挑战是什么？

✏ 使用"敏捷诊断"（工具4）第17～20题的结果。

我们如何清晰知道？					
命令	0	25	50	75	100 自我负责
我们如何同向前进？					
权力	0	25	50	75	100 授权
我们如何调动能量？					
官僚主义	0	25	50	75	100 自组织
我们如何保持专注？					
目标	0	25	50	75	100 集中注意力

👓 您的潜力在哪里？您面临哪些干扰？

_____

_____

⊕ 您以人为本的杠杆是什么？

_____

_____

_____

工作

该维度将干系人的需求和贡献与工作环境联系起来。本节明确了决定如何完成工作的关键要素。

干系人带来了他们对组织的期望以及他们愿意提供的资源。这些期望是组织目标的重要来源。目标会对您的工作环境产生影响，它们可能会为您的内心游戏提供乐趣、绩效和学习目标。与乐趣相关的目标提供了工作目的，与绩效相关的目标势必赋能团队协作，与学习相关的目标将人们联结起来。

干系人的期望

干系人对组织的期望：投资者期望有所回报，客户期望优质的产品,员工期望就业。同时,干系人为组织提供资源:投资者提供资金,客户创造利润,员工提供体力和智力。每个组织的价值创造都需要平衡——干系人需求与它对组织的贡献之间要实现最佳匹配。反之,干系人提供组织开展业务所需的资源。干系人的期望(见表2-5)是目标、关系和合作的来源,也是阐明组织目标的起点。

表2-5 干系人的期望

干系人	需求	贡献
员工	目标、关怀、技能和报酬	体力、智力、思想和观点
客户	快速、正确、便宜和简单	利润、增长、意见和信任
投资者	回馈、回报、价值和忠诚	资本、信贷、冒险和支持
供应商	利润、增长、意见和信任	快速、正确、便宜和简单
监管者	合法性、公平性、安全性和真实性	规则、理性、清晰和建议
社区	工作、忠诚、正直和财富	声誉、技能、供应商和支持

员工:人是第一位的。他们参与制定战略,虽然技术有助于提高生产力,但不能取代员工的知识和技能。员工代表了具有知识、技能、能力和动机的集体智力资本——这是大多数组织中的稀缺资源。

客户:没有客户就没有生意。工作若没有客户,就不是工作,客户是员工做好工作的动力。客户想要高水平的"快速、正确、便宜和简单",作为回报,组织希望客户予以信任、共享信息并使其实现盈利增长。将所有人都标记为客户会扭曲组织的目标,选择的主要客户是组织旨在服务的个人或群体。将客户的选择限定为通过市场与组织进行交易的部分群体，这一点很重要。

投资者：他们比客户更重要吗？这是一个经常听到但毫无意义的争论。更重要的是使组织的价值观与您选择的"主要客户"保持一致。获取利润是（营利性）企业存在的必要条件，而不是其手段。

供应商：几乎每个组织都有一个或多个供应商。组织与供应商的关系实质上和它与客户的关系相反。关于供应商的决策是战略性的，不应仅由采购部门决定。

监管者和社区：所有组织都受监管要求的约束。监管者和公众是影响企业管理者决策和行为的重要干系人。群众压力越来越多地影响公众舆论，影响到组织的声誉。

工作环境

目标、关系和协作代表了绩效三角的三个方面（见图2-2）。赋能型运营模式的配置（见图1-5）为韧性组织奠定了基础，这些组织具有从内部发展的潜力。

目标将系统和文化联系起来。但是，尤尔根·哈贝马斯（1988）说："管理生产的目标是不存在的。"当环境变化时，我们经常听到的是：当人们失去了工作目标时，他们就会开始讨论动机；当人们觉得自己的工作很有意义时，他们就会以更大的能量做出贡献，他们在身体上、心理上和情感上都是完全投入的。目标是个人的主观创造，始终是"我"为世界提供目标，这被称为"意义构建"而不是"意义赋予"。目标无法被传递，它需要单独被发现或被"生产"。

关系是每笔商业交易的基石。在与外部干系人一对一的商业关系中，员工与组织之间的信任和一致是必不可少的。因此，"关系资本"对公司的价值至关重要。但良好的关系是有代价的，它们对组织的每一位领导者都提出了挑战。关系也与联结有关，组织中人们之间的联结越多，他们对彼此施加的限制和界限就越多，这限制了他们的行动自由和执行能力（斯泰西，2000）。因此，必须将关系和联结调整到最佳水平。

协作是一个问题，随着组织规模的增大，复杂性也会增加。我们不断向组织添加职能、地域、部门、服务、客户群体和其他结构。在知识至关重要的复杂的网络世界中，协作比以往任何时候都更加重要。每种结构都会在团队成员之间制造障碍，例如信息流受限或扭曲。此外，员工和组织具有不同的目标，它们通常是相互冲突的，需要解决这个根本性的合作问题。

现在，通过您的工作维度茶歇来识别元素。您可能想绕道而行，首先使用工具5"审查干系人"，来确定干系人的期望。

我的工作维度荼歇

✏️ 您的挑战是什么？使用"敏捷诊断"（工具4）第7～9题的结果。

👓 您的潜力在哪里？您面临哪些干扰？

_____
_____
_____

✠ 您的差距是什么？哪些策略可以帮助您缩小差距？

_____
_____
_____

深层意义的策略

意义提供目标：意义来自具有明确信念和边界（愿

景、使命、奉献和目标)的系统,以及具有隐含价值观和标准的文化,这些价值观和标准可以帮助人们找到目标、增强意识、激发动机、发挥创造力并释放才能。人们有了目标,就能发现机会,坚持下去,并应对复杂性和易变性。四种目标模式(见图2-5)可用于识别组织中意义的性质。

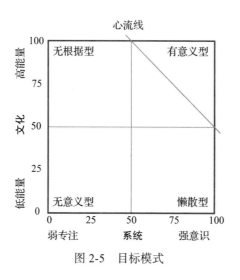

图2-5　目标模式

有意义型目标：强意识、高能量。员工在他们所做的事情中找到目标。

- 员工有动力、有信念、有创造力并能做出贡献。
- 意识、担责、自决占上风。
- 愿景、价值观和方向赋予目标以意义。

懒散型目标：强意识、低能量。缺乏能量会扼杀动机。

- 员工和团队筋疲力尽，不断消耗能量。
- 防御性反应盛行，并成为文化的一部分。
- 风险和边界支配决策和行动。

无根据型目标：弱意识、高能量。无脑变革盛行。

- 忙碌和生产力经常混为一谈；行动占据主导地位。
- 工作强度通常是无效的，需要不断去验证。
- 主题和举措不断变化，忽视现实。

无意义型目标：弱意识、低能量。消极情绪会消耗能量。

- 员工没有动力，别无选择，一直忙碌。
- 缺乏资源，惯例占据主导地位，复杂性凸显。
- 举措受阻，方向混乱。

有目标地达到心流线（见图 2-5）的策略包括清晰知道、增强意识、帮助员工找到目标。解决方案包括以下内容：

- **建立意识并培育富有成效的文化**：使用具有愿景、价值观、战略和惯例的敏捷系统来降低复杂性，并使用可以处理易变性的工具。

- **消除干扰**：修复错误的系统，再调动领导者帮助员工找到目标，解决方案是使用具有敏捷特性的系统。

现在是您的目标茶歇，回顾一下您可以对意义做些什么。

我的目标茶歇

✏ 您的挑战是什么？使用"敏捷诊断"（工具4）中问题2和问题4～6的结果。

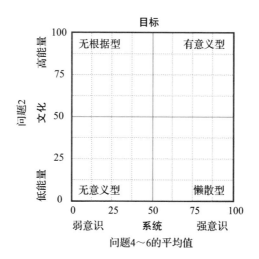

👓 您将如何达到心流线？您的潜力在哪里？您面临哪些干扰？

_____

_____

_____

⊕ 您的差距是什么？哪些策略可以帮助您缩小差距？

_____

_____

_____

加强联结的策略

联结促进关系。它来自领导力：交互和文化，这种文化为人们提供指导，提供选择、授权，让人们使用和增长知识以及学习。请记住，知识是唯一随着运用而增长的资源。联结可帮助人们选择正确的机会并处理分歧。四种关系模式（见图 2-6）可用于识别组织中联结的性质。

联结型关系：强专注、高能量。有选择、富有创造力的员工会构建知识。

- 员工可以选择如何做事。
- 他们做正确的事。

- 领导者之间互动，提供清晰信息并支持学习。

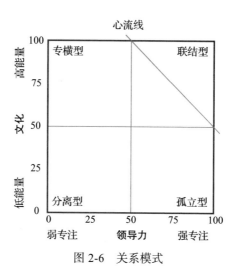

图 2-6　关系模式

孤立型关系：强专注、低能量。领导让人们忙碌。

- 员工长时间使用资源。
- 没有能力做其他事。
- 团队在不清晰的情况下开展着影响不大的项目。

专横型关系：弱专注、高能量。员工忙于零散的举措。

- 员工总是很忙，需要持续的动力。
- 团队错过了机会或正确的时间。
- 领导者对低效率视而不见。

分离型关系：弱专注、低能量。员工被孤立，平庸盛行。

- 员工无缘无故地互相妨碍。
- 团队抗拒改变或被他人动员。
- 难以摆脱恶性循环。

达到心流线、建立可靠关系的策略包括同向前进、赋能选择、建立人与人之间的关系，以此增长知识。解决方案包括以下内容：

- **加强专注并激发文化活力**：使用敏捷系统（为创造力和创新而构建），并重新思考文化（期望的行为、决策和行动）。
- **消除干扰**：修复错误系统，从文化中消除"病毒"（有关"病毒"的更多信息，参见工具1），并为文化接种针对新"病毒"的"疫苗"。

在关系茶歇中查看您可以对联结做些什么。

我的关系茶歇

✏️ 您的挑战是什么？使用来自"敏捷诊断"（工具4）的结果。

第 2 章 领导力的五个维度

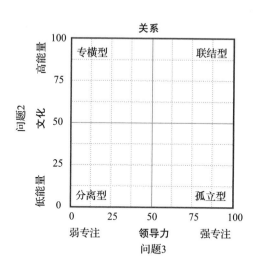

👓 您将如何达到心流线？您的潜力在哪里？您面临哪些干扰？

⊕ 您的差距是什么？哪些战略可以帮助您缩小差距？

高效合作的策略

合作促进协作。合作来自促进协作的系统（规则、惯例和工具）和领导者（将人们联结起来）。尽管存在不确定性，但信任有助于调动资源并将机会转化为价值。可以使用四种协作模式（见图2-7）来确定组织中协作的性质。

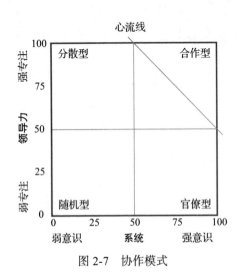

图2-7　协作模式

合作型协作：强意识、强专注。信任可以调动人员和资源。

- 人们相互联系以与他人共享并协作。
- 团队以正确的方式处理重要主题。
- 领导者提供资源并信任团队。

官僚型协作：强意识，弱专注。系统处于控制之中。

- 人们需要绕过官僚机构来完成工作。
- 惯例和规则占据了主导地位。
- 领导者在众多优先事项之间摇摆不定。

分散型协作：弱意识，强专注。私人议程决定工作。

- 人们走向不同的方向，错失良机。
- 团队错失协同效应，只听从命令。
- 领导者遵循自己的议程。

随机型协作：弱意识，弱专注。人们在有信任的地方合作。

- 人们不知道什么是重要的或者向谁寻求信息。
- 团队孤立地工作，没有完成任务。
- 领导者没有把握、力不从心，倾向于低调行事。

达成卓越协作流程的策略包括调动能量、建立信任、促进协作。解决方案包括以下内容：

- **建立协作意识并集中注意力**：使用敏捷系统（通过有效的目标管理、规则和惯例以及协作工具），并让领导者在系统中工作（参见第 1 章）。
- **消除干扰**：修复错误的系统，消除错误的领导力并培训领导者——敏捷方式。

在协作茶歇中回顾一下,在组织中的合作方面,您可以做些什么。

本节介绍了决定组织增长能力的要素:协作、目标和关系。干系人有期望。您可以通过它们来确定组织的增长目标。

我的协作茶歇

✏️ 您的挑战是什么?使用来自"敏捷诊断"(工具4)的结果。

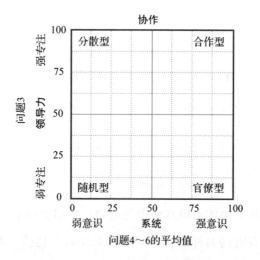

问题4~6的平均值

👓 您将如何达到心流线？您的潜力在哪里？您面临哪些干扰？

_____

_____

_____

⊕ 您的差距是什么？哪些策略可以帮助您缩小差距？

_____

_____

_____

运营

运营维度捕获了在全新环境中竞争所需的能力，以及以敏捷、以人为本、动态方式管理运营所期望的结果。本节将您的组织的动态能力与您可以从敏捷和以人为本获得的期望成果进行比较。

人们越来越认识到，公司需要速度、敏捷和韧性。速度代表快速实施战略的能力。敏捷提供了"无须变化即可持续变革的能力，它是我们可以对不间断变化做出响应的效率。韧性则增加了稳定性，因为它有能力吸收波动、做出响应并潜在地重塑商业模式作为变化的结果。速度、敏捷和韧性描述了组织动态能力的要素。这样的组织使员工能够进行内心游戏，并创造能力来应对不稳定的环境，即外部游戏"（安岑格鲁伯，2013）。

绩效三角（见图2-2）表明，速度、敏捷和韧性是当今世界竞争和协作所需的终极动态能力。这些能力将帮助您应对环境变化，而不受传统变革项目集的负面影响。

速度和控制：绩效三角的"个人环境"定义了我们与人交往的方式。内心游戏是帮助人们将知识转化为行动的技术，它将控制权转移给学习者。在快速变化的时代，学习是对时间要求严格的行动解决方案。信任和选择与速度和创造能力有关，速度必须与控制相平衡。

敏捷和稳定：绩效三角的"运营环境"定义了我们如何协调工作。敏捷就是及早感知机会、采取行动并通过整合组织持续实施变革。它能够促进团队中的自组织工作，具有更高的灵活性，可以有效地适应外部变化，提升解决问题以及卓越创新的能力。敏捷需要动态管理能力与管理控制的结合，敏捷必须与稳定相平衡。

韧性和更新：绩效三角的"工作环境"定义了我们如何将目标确立为关系的纽带元素。它通过社会控制、吸收波动和冲击的能力来发挥稳定作用。韧性是关于系统的"稳健性"。组织通过使用目标和关系作为合作策略来达到更高水平的韧性，它们能够重塑自己并找到保留其核心的全新商业模式。在很大程度上，我们设定目标的方式决定了我们与干系人的关系以及组织的发展。韧性必须与更新相平衡。

这些能力是组织成果的来源：绩效、创新和增长（见图 2-8）。

图 2-8　运营维度

绩效：内心游戏是将知识转化为行动，并将控制权转移给学习者的技术。意识、选择和信任帮助人们专注于重要的事情，结果就是产生心流——学习、绩效和创造力达到巅峰状态（契克森米哈赖，1990）。

创新：创新与敏捷密切相关。我们知道，创新组织具有敏捷能力，而敏捷能力会带来卓越的创新，这是典型的先有鸡还是先有蛋的问题。重要的是敏捷能力会带来卓越创新，在人们可以释放创造力并创造新知识的环境中，创新就是成果。

增长：目标、关系和协作具有吸收和更新的能力。通过运用合作策略，企业可以在保留核心的同时运用新的商业模式重塑自己。我们设定目标的方式以及与干系人打交道的方式，决定了公司的大部分内部增长能力。

运营维度茶歇将帮助您探索组织能力和成果：速度和控制、敏捷和稳定、韧性和更新、绩效、创新和增长。

我的运营维度茶歇

✏️ 您的挑战是什么？使用来自"敏捷诊断"（工具4）的结果。

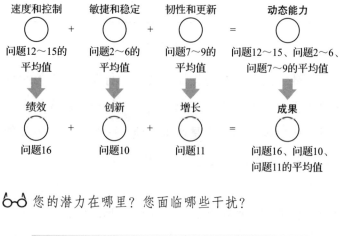

👓 您的潜力在哪里？您面临哪些干扰？

....

....

....

⊕ 您需要关注哪些关键运营问题？

....

....

敏捷成熟度

敏捷成熟度等级是一个测量标准，可用于评估组织的敏捷性。它是由"敏捷诊断"（工具4）的动态能力和成果分数的平均值计算得出的，并产生六个等级的排序——从顶部的先锋者到底部的参与者。该量表是我所在组织的诊断部门和全球250个行业组织15年的研究成果。敏捷成熟度等级可以指明您在以人为本的转变中所处的位置。

先锋者的设计旨在确保持续改进。他们使用动态能力来交付卓越的结果。分散决策、团队合作和积极影响是一种全新的管理方式，即敏捷方式的标志，其基本原则之一是引导自组织。

表现者的设计旨在鼓励动态环境。他们创建能力，使自己能够在VUCA（易变性、不确定性、复杂性和模糊性）的世界中找到方向，并且平衡员工需求和组织目标。跨界协调、自我控制和联结有助于他们在绩效、创新和增长方面超越同行，即使在动荡的环境中也是如此。

赋能者的设计旨在稳定环境中与人们进行良好的互动。这些组织基于自我负责、目标和社会控制来激励员工。他们偏爱行动导向和知识型工作。然而，他们实施以人为本的方法不足以应对动态环境，解决办法是彻底分散决策。

变革者的设计旨在实施颠覆性变革。当他们的领导者认为需要改变时，他们就会改变组织结构并重新分配资源。随着环境的变化，变革者不断进行重组。解决办法总是更多的控制、直接的管理影响和对客户持续关注。

开拓者的设计旨在利用他们的资产。他们优化流程以尽可能地降低资产利用率。很多人在这方面做得相当成功，因此，他们的领导者对目前的情况感到满意。然而，在动态市场中，开拓者缺乏快速适应的能力，可以通过加强绩效管理和着手变革来解决问题。

参与者继承了基于在稳定环境中运行的设计。通常，他们所处的背景和其当前能力不相匹配，这反映了有毒的文化、有缺陷的领导力或受损的系统。典型但无效的解决方案包括修复文化、人员和领导者，参与者常陷于官僚主义之中。

进行敏捷成熟度茶歇，以确定您在量表中的位置。

我的敏捷成熟度茶歇

✏ 您的挑战是什么？使用来自"敏捷诊断"（工具4）的结果。

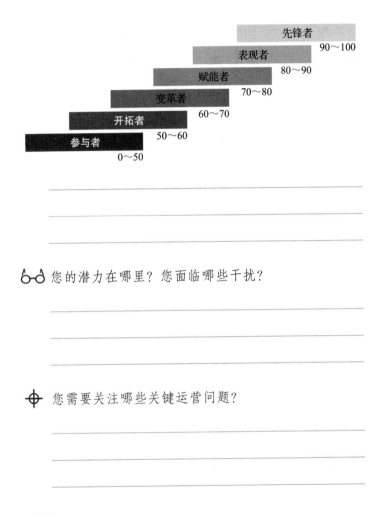

👓 您的潜力在哪里？您面临哪些干扰？

⊕ 您需要关注哪些关键运营问题？

辅导

截至目前，您已经根据五个维度（人员、组织、管理、工作和运营）思考了敏捷，进一步评估了这些元素并审查了您组织的敏捷成熟度。鉴于您的挑战、战略、商业模式和管理模式,您可能已经发现组织需要发挥其敏捷能力。就从正确的设计开始吧。

敏捷是一种能力,需要对其进行设计。本节通过辅导来指导您的"系统工作",使用画布描述您的设计结果。

辅导(见表 2-6)将内心游戏应用于设计。自我辅导过程是本书的核心,这与我所在组织里的敏捷专家在与高管客户合作时使用的方法一致。因此,辅导遵循建立敏捷领导力、组织和管理的基础的共同原则:意识、洞察和学习。

表 2-6 辅导阶段

意识(专注)	洞察(选择)	学习(信任)
感知、敏捷诊断、观察点	知道、敏捷维度和模式、共同语言、干预点	转型、敏捷专业知识、杠杆点

辅导分为三个阶段,并附带各种工具(见图 2-9),这些工具可以推动您从当前到未来,实现敏捷之旅。

意识。诊断是感知工具,帮助您看见无形:您的潜力和阻碍您实现预期成果的干扰项。观察点可帮助您识别组织中关键敏捷元素之间的系统性关系,以提炼主要假设、原则和模式。意识将观点转化为意义,以创建目标。

洞察。五个维度——人员、组织、工作、运营和管理,与绩效三角(米歇尔,2013)模型一致,创建了一种关于敏捷的共同语言。借助整本书的助推器和茶歇,您可以确定关键的干预点,并阐明您与理想设计之间的差距和关键问题。您的设计选择将把您从症状带到根本原因,并明确干预点的位置。

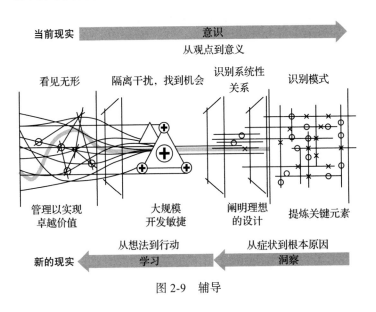

图 2-9 辅导

学习。专业知识将帮助您改造组织并大规模开发敏捷。相信自己,找出最能帮助您利用杠杆效应让想法转变为行动的举措。为您和您的团队如何协作制定一个路线图,利用您的管理技能创造卓越价值。

画布

画布(见图 2-10)记录了五个维度,其中包含您可以用来捕获设计理念和结果的问题,用这五对问题指导您的设计。在每一对问题中,第一个问题是关于在系统上工作的,第二个问题指导您在系统中工作。问题一到问题二的转换让您做好充足准备,从您的个人旅程过渡到与您的团队及整个组织一起进行的旅程。

- **人员**:我将如何让人参与?我们如何清晰知道?
- **组织**:我将如何协调工作?我们如何同向前进?
- **工作**:我将如何调动资源?我们如何调动能量?
- **运营**:我将如何促进发展?我们如何保持专注?
- **管理**:我将如何管理组织?我们如何坚持以人为本的方式?

画布是您敏捷之旅的笔记。按如下方式使用它:

- **假设、原则、潜力**(绿色贴纸)和**干扰**(红色贴纸):"敏捷诊断"(工具4)提供了相关的观察点。
- **差距**(黄色贴纸):当前情况与理想情况之间的差异表明了需要您注意的差距。
- **关键问题**(深蓝色贴纸):您决定研究的主题,表明了您关注的重点领域。
- **举措**(灰色贴纸):这些将关键问题转化为帮助您解决关键问题的举措。
- **路线图**(亮蓝色贴纸):此进度和资源计划将确保您的组织过渡到敏捷。

第 2 章 领导力的五个维度

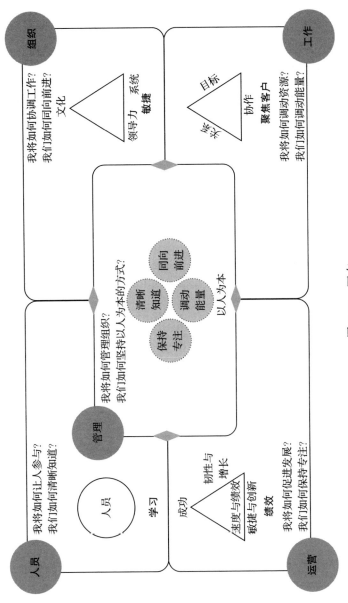

图 2-10 画布

画布（工具 6 "记录敏捷"）是一个模板，可用作海报，以便在研讨会中与团队合作。使用彩色贴纸有助于区分上述步骤。

在画布旁边，使用工具 6 "记录敏捷"。在画布茶歇时使用画布模板捕获您的设计理念。

我的画布茶歇

✏️ 假设、原则、潜力和干扰分别是什么？使用工具 4 "敏捷诊断"和画布模板工具 6 "记录敏捷"的结果。

_____

_____

_____

👓 解决差距的关键问题是什么？

_____

_____

_____

⊕ 解决关键问题的举措和路线图是什么？

_____

_____

_____

敏捷选择

选择敏捷之后，现在是时候从"在系统上工作"切换到"在系统中工作"了。这是从设计模式到执行模式的转变，图 2-11 总结了五个部分的过渡。

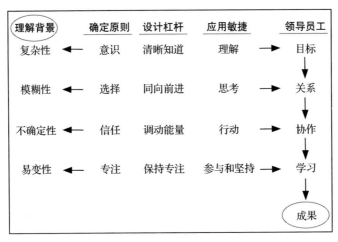

图 2-11　您的敏捷选择

理解背景：在复杂性、模糊性、不确定性和易变性日益增加的背景下，敏捷能力可以帮助您的组织快速适应新环境。它们解决了新环境下的挑战与对清晰、方向、能量和专注等需求之间的矛盾。该部分是为了增强团队对环境变化的意识，鼓励团队对敏捷能力的探索。

确定原则：人们有能力应对新环境带来的紧张局势，他们可以运用源自内心游戏的四个原则：意识、选择、信任和专注,来应对外部游戏的挑战。这部分是让您根据这些原则选择以人为本的管理。应用内心游戏是心理层面上的,并且对四个以人为本杠杆的设计有影响:自组织、授权、自我负责和集中注意力(参见本章第 3 节)。

设计杠杆:清晰知道、同向前进、调动能量和保持专注的概念,提供了在传统管理和以人为本的管理之间的选择。这部分是关于您通过选择四个以人为本的杠杆来追求以人为本管理的决定,这是一个对您的领导力技能有影响的选择。

应用敏捷:遵循以人为本的管理需要完成五项管理任务:理解、思考、行动、参与和坚持。这部分要求您根据组织中领导者大规模使用的规则、惯例和工具来对您的领导力计分卡和工具箱做出决策,以执行这些任务。您将必须考虑最适合您的系统设计、领导力设计以及文化设计。

领导员工:通过正确设计工具箱,领导者将确立目标作为激励的源泉,将员工联结起来培养关系并促进协作作为协调工作的手段,将加快学习作为提高绩效、创新和增长的手段。

优先事项

五个领导力维度可以帮助您在任何场合建立领导力,

第2章 领导力的五个维度

并在牢记正确的优先事项的情况下，大规模地嵌入以人为本的敏捷能力（见图2-12）。领导力无处不在，人员第一（内心游戏和学习），组织第二（敏捷绩效三角的要素），管理第三（四个以人为本的杠杆），工作第四（聚焦客户），运营第五（动态能力和成果）。

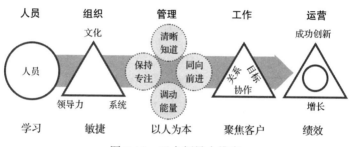

图2-12　五个领导力维度

敏捷的选择营造了一个具有五个优先级的环境，在系统上工作时要记住这一点。

现代员工都是管理者：员工做出决策。领导力无处不在是自我负责的人员的准则，他们清晰知道，自组织的团队能同向前进，授权能调动能量，大方向上要保持专注。作为领导者，您的目标必须是让员工参与、授权并在任何场合建立领导力。

组织设置环境：敏捷能力支持以人为本的管理。系统、领导力和文化为员工施展才华和表现创造了必要的环境。因此，重要的是清楚组织中的潜力和干扰。

员工是您关注的焦点：以人为本的原则需要一种个体环境，人们可以在这个环境中释放才能并展示巅峰状态。为客户创造价值的是员工，他们应该体验心流——挑战和能力相遇，创造积极体验的状态。这是以人为本管理的最终目标。作为领导者，营造这样的工作环境是您的任务。

关心客户的是员工：作为领导者，以人为本的原则要求您自我负责，授权工作，实现自组织，并以指导大方向的方式进行领导。这意味着组织中的人员可以负责并维护客户。聚焦客户在于员工能确保有价值的客户复购更多。

成功是吸引投资人的因素：投资人寻求增长和投资回报。增长来自复购的客户，回报来自效率提升和创新，长期的价值创造必须是企业的目标。

七位高管的敏捷之旅

现在已经全面介绍了敏捷，让我们回到七位高管的敏捷之旅。他们都已经到达了对敏捷有更高认识的阶段，并且清楚地知道需要发生什么。

大型保险公司**首席执行官**的任务是围绕一个共享的敏捷议程召集所有支持人员，以促进整个组织的创业精神。首席执行官的意图是围绕创业建立共同意识和语言。

第2章 领导力的五个维度

他要求来自美国、欧洲和亚洲的100名经理完成在线敏捷诊断，重点关注绩效三角模型。通过同时在纽约、苏黎世和新加坡举办的视频支持研讨会，他让所有参与者（包括他的支持人员）就敏捷的关键要素（根据绩效三角）以及每个人员如何变得更具创业精神展开对话。与支持人员举行的另一个专家工作组简要研讨会将领导力研讨会的成果转化为路线图，用于改变管理系统，并培训全球所有高管基于自我负责和参与，运用敏捷方法。通过从诊断中获得的洞察建立了共同语言和强意识，以及对成功转变至以人为本的必要性的认识。

大型制药公司**经理**的任务是与公司的管理团队一起启动敏捷，以重新建立创新机制。美国、欧洲和亚洲的8名经理被要求进行以创新为核心的在线敏捷诊断。结果显示，他们管理的所有地区的敏捷能力均存在相当大的差距，阻碍了创新的产生。显然，该组织需要一种不同的管理方法，以及适应组织更加敏捷的惯例。此外，最初的诊断练习揭示了一些公司经理没有预料到的情况：经理的工作风格是放任自流，相信员工。然而，从另一个角度来说，敏捷对人才同样有着严格的纪律要求。敏捷之路并不容易。通过密集的辅导和敏捷流程的积极体验，经理能够掌握敏捷的全部内容。一旦他拥有了更高水平的意识，他就让所有经理参与到诊断结果的讨论，提炼出关键问题，并创建一个路线图，将公司的传统方法转变为激发创造力和创新的敏捷方法。

全球智库的**架构师**兼幕僚长面临的挑战是，让组织的管理团队参与有关敏捷管理的对话。鉴于某个核心创始人和管理团队抵制所有不是来自世界前三大咨询公司或智库支持者的建议，他要求团队进行在线敏捷诊断是不现实的。然而，他们同意参加一个关于敏捷的研讨会。因此，架构师将数字诊断转换成模拟纸质版本，并在海报中包含相同的细节。然后，要求研讨会参与者花30分钟的时间浏览海报并回答诊断问题。5分钟后，谈话已经变得激烈和丰富，完全不需要历经整个过程。该过程建立了敏捷意识，并提出了很多有价值的洞察。

南非一家食品生产商的**转换者**兼CEO办公室主任的任务是，在传统的质量和控制环境中，将CEO的敏捷愿望与公司的管理现实进行转换。按照CEO的要求，来自整个组织的20名经理进行了在线敏捷诊断。正如预期的那样，诊断中以人为本的方面揭示了一个非常传统的管理环境，领导力计分卡和工具箱更倾向于严谨而不是敏捷。在团队研讨会期间，所有参与者都清楚地知道，他们需要一种混合模式，在这种模式中，他们可以将传统方法应用于运营，但他们聚集在一起讨论公司的未来时，可以采用敏捷的战略思维。CEO办公室主任面临重新设计一些指导管理团队工作的战略和绩效管理流程的挑战。她必须将混合环境转化为能够同时处理传统方法和敏捷方法的流程。

美国中型城市的**整合者**兼城市经理必须让其他所有管理者都参与到一个项目过程中,目的是改变城市文化,使城市提供更加敏捷、友好的服务。他安排了1250名员工,从园丁到IT专家、机场员工,完成了在线敏捷诊断。诊断结果覆盖了12个部门,城市经理随后与35位主要领导者一起举办了一次培训师的培训活动,参与者学习了如何解释诊断数据并围绕敏捷性进行对话,还提炼出使他们更加敏捷和更加友好的关键要素。然后,这些领导者使用自己部门的结果,并与他们的主管和员工进行了相同的研讨会。他们在敏捷开发过程中获得了经验。这样,城市整合经理将学习融入所有城市雇员的日常工作中。

中东一家制糖公司的**董事长**需要创建一种可扩展模式,以支持新经理的入职,从而获取业务持续增长的机会。正如人们所料,对于世界上最大糖厂之一的创始人来说,敏捷并不是他最关心的问题。他没有过多谈论敏捷、敏捷结构、敏捷角色,但公司创立的前三年,基本的敏捷度量指标、战略、绩效和风险流程指导了全过程。第三年和第五年之后,公司的管理团队完成了在线敏捷诊断,以确保组织持续发展且在正轨上。董事长利用团队研讨会来审查诊断结果，同时培训新成员如何在不妨碍公司增长的情况下管理他们的运营。

客户遍及全球的**高管教练**选择了敏捷。我们知道它需要被转变者来启动转型。通过与领导者一起启动这个流程，敏捷诊断和可视化设计思维帮助她增强了客户对敏捷的意识。她使用本书中的众多思维过程来与她的客户合作，率先通过辅导实现敏捷转变。

意识和洞察是启动以人为本转变的关键，这七位高管的故事将在第6章继续谈及。

在本章中，我们探讨了领导力的五个维度，重点关注组织中需要注意的元素。如果一切顺利，您现在一定已经选择了敏捷。在下一章中，我们将以个体的身份回到您的高管角色中，并进一步探索内心游戏。

五个领导力维度

以人为本、敏捷和动态能力是当今世界取得成功所需的基本个人能力、管理能力和组织能力。五个维度——人员、组织、管理、工作和运营，提供了帮助您建立无处不在的领导力的关键要素。

要点

- 玩转内心游戏的管理者是知识型员工。
- 绩效三角的元素确定了组织的敏捷。

第 2 章　领导力的五个维度

- 四个杠杆建立了以人为本的管理。
- 聚焦客户来自平衡干系人的利益。
- 动态能力为可持续价值创造提供了成果。
- 以人为本、敏捷和动态能力需要加以设计。

行动议程

- 用"敏捷诊断"（工具 4）的结果来确定您的领导力维度和要素。

扩展阅读

On the people dimension: Gallwey, W. T. (2000). *The Inner Game of Work*. New York: Random House.

On the organization dimension: Michel, L. (2013). *The Performance Triangle: Diagnostic Mentoring to Manage Organizations and People for Superior Performance in Turbulent Times*. London: LID Publishing.

On the work dimension: Neely, A., Adams, C. and Kennerly, M. (2002). *The Performance Prism: The Scorecard for Measuring and Managing Business Success*. London: Financial Times/Prentice Hall.

On the management dimension: Michel, L. (2020). *People-centric Management: How Leaders Use Four Levers to Bring Out the Greatness of Others*. London: LID Publishing.

On design: Michel, L. (2017). *Management Design: Managing People and Organizations in Turbulent times* (2nd ed.). London: LID Publishing.

第 3 章 内心游戏

CHAPTER 3

在艺术、科学、体育领域和日常工作中,玩转内心游戏可以让人们更好地利用资源。例如,释放他们快速学习的能力,做出更好的决策,并展现巅峰表现。本章为您探索如何将内心游戏的原则用作一项技术,来帮助您向以人为本转变,并在整个组织中为指导团队建立敏捷提供帮助。

助推器 #3:参与内心游戏

通过意识、选择和信任的原则来实现您对敏捷的思考和选择。

内心游戏提供了有助于人们应对更大挑战的技术,这些挑战有怀疑、压力、恐惧、偏见、限制性概念和假

设等,它们会扭曲我们的思想、决策、行为和行动,使我们无法发挥全部潜力。内心游戏是对扭曲了的思想进行松绑的艺术。下面是一个简单的介绍。

经验与指导:内心游戏是基于经验的、系统的且自然的学习过程。注意力和专注力帮助我们运用自己的经验,通过行动来学习。这与通过指导来学习形成鲜明的对比,指导是外部控制,大多数指导会损害学习者与生俱来的能力。

自我 1 和自我 2(见图 3-1):我们所说的"自我 1",是指发出命令和做出判断的声音,"自我 2"就是您自己。自我 1 无所不知,他是不信任自我 2 的。自我 2 才是实际执行的人,尽管他受到自我 1 的判断所暗示的不信任的挑战。自我怀疑和过度控制会干扰自然学习的过程。自我 2 是人类本身,具有固有的潜力和与生俱来的学习能力。

自我1	自我2
限制我发挥潜力的干扰	让我充分发挥潜力的一切
怀疑、压力、恐惧、偏见、限制性概念和假设	资源、技能、态度

图 3-1　自我 1 与自我 2

物质世界和量子世界：在我们的三维日常环境中，物体、人、空间和时间作为物质占主导地位。我们对物质世界的关注会消耗能量，但这种能量无法应用于新事物，因此往往是惯例和习惯占据上风。通过物质影响世界需要时间。空间和时间不同，您在这里，未来在那里，关注过去和未来会消耗我们的能量。在量子世界中，可以使用无限的能量，空间在无限的时间内坍塌，这是决定性的时刻。它是能量的自我家园。当我们将注意力从外部物质世界转移时，就会激活自我。这使我们能够从自我 1 切换到自我 2，甚至更远。我们可以充分发挥潜力和可能性。

主导模式：我们多年来积累的行为模式指导着我们所做的一切。这让我们很舒服，因为我们所做的大部分事情都消耗很少的能量，并且不需要脑力劳动，它们由习惯组成。我们的习惯储备了保护我们免受危险和不愉快的经历，这种机制是自动的并且始终存在。

自我干预的循环：我们采取的每个行动都包括感知、反应和结果。我们对需要做的事情有一个概念，然后通过执行来回应，这会产生结果，即行动。在感知（图像）和行动（反应）之间存在着解释的空间。意义与每一个行动有关，而且常常与执行者有关，这些意义会影响执行者的表现。自我 1 将扭曲引入行动的每个部分——扭曲的感知、扭曲的反应、扭曲的结果、扭曲的自我形象，必须有更好的方法来处理执行者的扭曲。

内外部的交互

员工执行、学习、工作的环境对工作的有效性和满意度有着巨大的影响。外部环境很重要，但内心游戏表明，自己的头脑更为重要。在执行要求苛刻的任务或想法时，所有的想法、感觉、价值观、假设、定义、态度、欲望和情绪都很重要。当明确了成功的目标、障碍和关键变量时，绩效就会以令人满意的方式产生。但当内部的冲突占据主导地位时，当思想和感受朝不同的方向发展时，要保持正轨并不容易。优先事项变得模糊，承诺受到损害，怀疑、恐惧和自我限制占据主导。图3-2建议同时考虑三种交互。

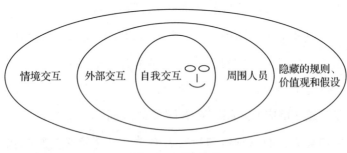

图3-2　三种交互

第3章　内心游戏

自我交互不是孤立存在的，它受到我们与周围人员的外部交互的影响。例如，您与老板、与工作团队或与运动团队的关系质量会影响到您的表现。没有安全感的老板可能会过度使用控制手段，这会影响个人和团队的信心，会限制个人和团队的交互和表现。

另一种交互也会影响我们工作和执行的方式，即在您脑海中默默发生的对话。它是由我们所处环境的文化中所产生的隐藏的规则、价值观和假设组成的。例如，企业文化塑造了我们以积极或消极的方式思考、行为和行动的方式。虽然文化往往是所有烦恼的根源，但很难改变。

自我交互：很多事情会影响我们的思维，从而妨碍我们的表现。作为人类，我们拥有充足的技能、潜力和思考空间。但是自我1，作为被创造的自我，其干扰源自外部的声音，以及散播的破坏自我的怀疑。自我怀疑会导致恐惧、缺乏判断力、过度控制和内部冲突，从而破坏我们表现的内部环境。这个声音听起来像是来自父母、老师、老板或朋友，他们知道如何决定我们在玩游戏的环境中遵守规范和规则。自我1是一个声音，它希望我（自我2）不受我自己的经验和理解的影响，只接受自我1决定的想法和行为。倾听自我2，即与生俱来的、天生的自我，是内心游戏的基本挑战。与自我2的和谐关系需要基于清晰、信任和选择的内在对话。

外部交互：内心游戏的目标是让自我 1 安静下来，使其无法干扰自我 2。他人可以通过增强自我 1 的干扰或促进自我 2 的自然功能来阻碍或促进这个过程，内心游戏通过引入与自我 1 不同的对话来发挥作用。与其去做判断，不如去客观观察：其实事物应该是它们本来的样子。对于自我 2，信任将取代怀疑或控制的位置，选择将取代操纵，其目标是转变心态，从破坏性的、困惑的、自我批评的心态转变为专注的心态。

情境交互：恐惧、控制和权力是"病毒"（参见工具 1），可以渗透到企业文化中。这些无形对话对员工的表现有很大影响，因为它们可能会导致压力和冲突，通常会带来意想不到的后果。

认识到自我交互、外部交互和情境交互三种交互之间的关系，能够使您改变这些交互。为了实现富有成效的、不受阻碍的自我交互，您必须了解您自己、您的团队以及（最具挑战性的）您所处的环境。

意识、选择和信任帮助您应对自我干扰和外部干扰：

- **非判断性意识非常强大**，但我们的很多管理传感器经常处于静默状态。
- **选择如何执行行动应该由执行者决定**，但组织需要为选择设立边界，否则员工可能会越过分配给他们的操作空间。

第 3 章 内心游戏

- **信任自我 2 是见效最快的管理概念**，但大多数组织都是建立在不信任的基础之上的。
- **集中注意力**，是学习和取得绩效的关键，我们也将持续关注所有变化的事物。

玩转内心游戏

信任自我 2

当您处于自我 2 的心流和节奏中时，您自然就获得了满足。它让您感觉一切都在运转，一切都在融合。当您体验到那种状态时，您自然会试图维护它；或者，如果您失去它，您会试图让它回来，但这通常不会立即奏效。

当我们失去专注时，自我 1 和自我 2 之间就会发生冲突。这时我们能做些什么？如果我们使用自我 1 的策略来控制自我 2，那么将会加剧任务的冲突；如果我们试图抵抗自我 1，干扰就会变得更强；如果我们专注于自我 2，也会延迟状态的回归。

有效的方法是充分信任自我 2。承认自我 2 意味着您给予自我 2 任何您想要有的注意力。由于注意力是一种稀缺资源，因此更多地关注自我 2 会减少对自我 1 的关注。同时，这会让您打开可以从自我 2 中获得的资源。

忽视自我 1

在用来干预的策略和技术上,自我 1 是创造性的且微妙的。使用自我 1 来分散他人的自我 2 很容易,此类例子不胜枚举,自我 1 的"耳语"随处可见。有些人认为这是好意,也有人利用它们为自己谋利。无论是破坏信心还是建立自我,他们所要做的就是从受害者那里获得一定程度的关注。让内心游戏对各方都有利的唯一方法是将自我 1 排除在外,专注是对抗自我 1 干扰的最佳防御和最佳进攻。

工作环境

以下公式简单定义了内心游戏:

$$表现 = 潜能 - 干扰$$

自我 2 代表了您自己、您的团队和您的组织的巨大潜力。只有通过自我 1 的干扰才能限制他人的表现。因此,我们需要注意限制自我 1 产生负面影响的过程:自我怀疑、错误假设和对失败的恐惧。

图 3-3 将工作中的人员、组织和背景联系起来,以显示人员和组织可接受的外部游戏的挑战。"公司、团队或个人接受的外部挑战越大,越需要将内部干扰最小化"(加尔韦,2000)。就此而言,领导者的工作是创造一个

第3章 内心游戏

限制自我1产生负面影响的工作环境，使自我2能够接受更高的挑战。但是"公司内部对变革的抵制源自盛行的命令和控制型企业文化"（加尔韦，2000）。

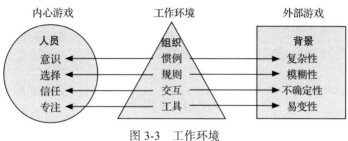

图3-3 工作环境

相比之下，人们可以专注于自我2的工作环境，其设计是不同的：

- **惯例**是人们解决复杂性的方法。为应对日益增长的复杂性，惯例应能建立意识而不是控制意识。
- **规则**帮助人们处理模糊性。在模糊性日益增加的时代，规则必须使选择成为可能。
- 领导者和员工之间的**交互**必须减少不确定性。为了应对不断增加的不确定性，领导者需要信任而不是命令。
- **工具**必须用来处理易变性。为了应对更大的易变性，我们需要集中注意力的工具，而不只是瞄准的工具。

在实践中应用内心游戏会让您明白，失去专注是很容易的，因为您可能会分心。在工作中，让你分心的事情无处不在。保持专注讨论的不是如何不失去专注，而是缩短你重新集中注意力所需的时间，最好的策略是练习快速恢复注意力。

现在是时候进行内心游戏茶歇了。

我的内心游戏茶歇

✏️ 您的挑战是什么？使用来自"敏捷诊断"（工具4）的结果。

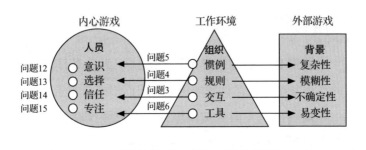

🤓 您的潜力在哪里？您面临哪些干扰？

第 3 章 内心游戏

◈ 您需要注意哪些关键问题?

_____

_____

_____

心流

心流(契克森米哈赖,1990)是一个与内心游戏相关的概念。这是一个个人区域,挑战、技能和绩效相互碰撞,提供一种状态,在这种状态下,从事活动的人员完全沉浸在活动中,全身心投入并享受活动。它是自我 2 的行动,没有自我 1 的干扰。图 3-4 显示了该定义时刻,即心流区域。

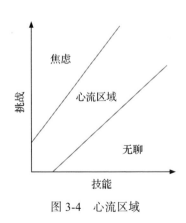

图 3-4 心流区域

契克森米哈赖(1990)解释说:"当一个人的技能完

全融入一个几乎可以应付的挑战时，心流就会发生，因此它就像一块磁铁，吸引着人们学习新技能和增加挑战。"他还说："如果挑战太低，人们可以通过增强挑战来恢复心流；如果挑战太大，人们可以通过学习新技能回到心流状态……我们生活中最好的时刻不是被动、接受、放松的时刻……最好的时刻通常是一个人的身心被拉伸到极限时，自愿努力完成一些困难而有价值的事情。"

心流是一个决定性时刻，是我们的思想从物质世界（物质）切换到量子世界（能量）的时刻。此时此地，过去和未来碰撞为现在。在这里，时间是无限的、永恒的，空间也是无限的。为到达心流状态，我们需要离开物质世界和身体，成为一个拥有无限可能的自我。通过这种方式，我们可以发挥自己真正的潜力。到达心流状态需要通过练习，意识和集中注意力是实现目标的技术。

当我们从β状态（思考思维）切换到放松的、具有创造性的α状态时，就会产生心流。一天中的大部分时间，人们的大脑都受β波频率的支配，我们是清醒的，感官是有意识的。有时，我们会切换到α状态，在这种状态下，我们安静、放松、富有创造力和直觉，无须思考和分析，我们在畅想。在β状态下，我们关注环境，而在α状态下，我们关注的是自己，是内在的自我。

挑战太多，安全性不够：工作场所到处充满焦虑，因为每个人都有太多工作要做，而没有足够的时间去完成，这是失去焦点的典型情况。每个人和每件事都需要被关注，缓解这种情况的一种方法是减少来自自我1的追求完美、过度控制和规避风险等方面的不必要的干扰。限制干扰可以解放自我2的注意力，保持专注是有效和高效工作的唯一方法。

挑战太少，安全感太强：当工作对我们的要求太低或任务被认为是惯例或不重要时，我们的专注可能会被无聊感取代。我们认为自己被低估了，我们的能力没有被利用，这会关闭神经系统的受体，导致一种不警觉的状态或脱离工作，得出的结论是工作很无聊，自我2进入睡眠状态。解决方案是要么将挑战带入工作，要么找更有意义的工作去做。当这些内在冲突得到解决或所有议程都一致时，就会出现自我2的专注。

压力

压力会干扰表现和创造力。在压力占据主导的情况下，我们大脑的"前额叶"（反射性）部分会关闭，而后部的"感觉皮层"（反应性）会被激活。这意味着在压力很大的情况下，反应性优于反射性。然而，在只有一点压力的情况下，反射性模式会占据主导地位。

压力使我们的身心进入生存模式，原始（交感）神经系统被激活，大脑反应部分（后部）的血液流动将优先于大脑反射部分（前部），结果就是我们为了快速反应而运用常规和习惯。我们所有的感觉机制——视觉、听觉、味觉、嗅觉和触觉，都处于戒备状态，我们的能量消耗会非常高，几乎没有创造力或创造新事物的能力。

在有压力的情况下，自我1会干扰自我2。无聊是压力太小，会降低绩效；而焦虑是压力太大，效果亦然。图3-5比较了男性和女性的压力。男性和女性从不同的压力水平开始，在最佳绩效方面有不同的需求。

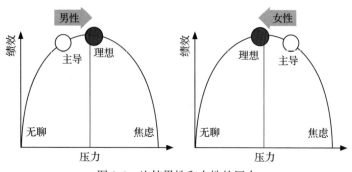

图3-5　比较男性和女性的压力

简言之，男性的主导压力水平略微靠近无聊一端，为了获得最佳绩效，他们需要一点推动力来增加他们的压力和绩效。女性的主导压力水平略微靠近焦虑一端，对她们来说，获得最佳专注和绩效的理想压力水平来自较小的压力。了解这种差异对领导力以及为内心游戏设计理想的工作环境具有巨大的影响。失去专注会使一个人的压力水平向主导方向移动,而恢复失去的专注会使人的压力水平向相反的方向移动。为重新专注起来,女性需要信任,男性则需要动机。

重新专注

在知识型工作和体力工作中,我们必须平衡过多相互冲突的目标。它们源于工作缺乏清晰度和优先级,结果便是混乱,无法集中注意力。分心来自优先事项之间未解决的冲突,其中的一些事项是被自我2议程之外的其他议程所管理。恢复失去的专注只能来自更高的意识和注意力,让自我1安静下来并信任自我2。

设置正确的优先级

学习、乐趣和绩效是目标的三个相互关联的组成部分(见图3-6)。当三角形的"学习"增加时,就会影响乐趣和绩效。同样,如果"乐趣"减少,就会对学习和绩效产生负面影响。

图3-6 优先事项

在大多数企业文化中，绩效是主要的目标组成部分。但对大多数人来说，很显然，仅仅强调绩效并不能带来更好的结果。三角形的三个方面同时工作，是目标系统的一部分。当一个员工被忽视时，其他员工就会遭殃；当绩效停滞不前时，组织就会更加努力地提高绩效。

在知识时代，学习是工作的重要组成部分。当员工非常喜欢自己的工作时，他们就会提高自己的学习能力。对于工作与知识相关的人来说，仅仅完成工作而不增加知识是行不通的。绩效和学习都对组织的整体结果有贡献。

乐趣是三者中最不被认可的，因为人们普遍认为工作不应该是令人愉快的。但是，慢慢地越来越多的人开始接受"员工应该享受工作"这一理念。例如，他们应该在工作中找到目标。在人才稀缺的时代，乐趣反倒可能是占据主导地位的组成部分。

从经验中学习

内心游戏是从经验中学习。您不需要任何额外的时间来学习，它是在您工作时实现的。通过经常反思自己的学习经验，您可以加快这个过程。选择敏捷是一种学习体验，这也是我在本书中强调学习重要性的另一个原因。

寻找您的心流区域

通过平衡技能和挑战来释放潜力的人已经越过了心

流线，并在心流区域执行工作。他们处于一种状态，即三个目标（绩效、乐趣和学习）相结合，使他们全神贯注。这是将知识、技能和情感融入心流体验的一种状态。

要实现一些非凡目标，需要经过深思熟虑的选择来越过心流线。这是一种重要的体验，在这一刻释放一种深刻的成就感。它加强了我们对自己能力的清晰认知和信任，并使我们对目标的感觉与想法一致。

使用表 3-1 确定您在心流之旅中的位置。

表 3-1 心流——您在何处

未到达心流区域	在心流区域
• 您在审查选项	• 您的意图决定了优先事项
• 您重新考虑您的决策	• 您不断寻找新的信息来强化意图
• 很难被激励	• 您调动所有活动朝着目标前进
• 您不能专注于重要的事情	• 您集中注意力，没有什么可以分散您的注意力
• 很难调动您的能量	• 您对自己的意图毫不怀疑
• 您对想要的结果没有概念	• 您清楚如何到达目的地
• 到处都是干扰	• 障碍是加强您努力的一种手段

表 3-2 列出了您可以执行的操作，以到达心流区域。

表 3-2 到达心流区域的步骤

提高您的抱负：
• 找到一个现实的目标
• 目标必须打动您的情绪
• 保持模糊——不要精确
• 边走边明确目标

(续)

承诺执行:
- 投入您的能量、时间和注意力
- 当您到达心流区域时,控制心态,把您的意图付诸行动
- 解决与您的意图方向有关的冲突和矛盾
- 确保大脑和心灵都与您同在

保障心流体验:
- 玩转内心游戏以保持专注——不要分心,建立信任
- 强化正能量

牢记限制条件和潜在的干扰源。通常情况下,您的边界将由您的客户或老板设定。表 3-3 显示了您可以做些什么。

表 3-3 干扰源

不切实际的目标	不可接受的条件	未使用的选项
建立您的议程	设定您的极限	了解您的选项
减少您的愿望,优先排序并加以组织	接受矛盾	扩展您的选项
安排您的时间	打破规则和习惯	学习
管理期望	接受模糊和冲突	欣赏自由度

现在是您进行心流茶歇的时候了。

我的心流茶歇

✏ 您的目标是什么?您的优先事项是什么?

1. 在 0(低重要性)和 10(高重要性)之间,对每个目标(绩效、乐趣和学习)的重要性进行打分。

2. 将您的分数绘制成三角形并将分数连接到三角形上。

```
        绩效
        10
         △
        / \
       /   \
      /  0  \
     /   |   \
    / ___|___ \
   10          10
   乐趣        学习
```

👓 您的心流区域在哪里？

⊕ 您可以做些什么来更频繁地体验心流？使用工具7"进入心流"。

我们所有的思想、决策、行动和行为（自我2）都被自我干扰（自我1）扭曲，将我们拉向不同的方向，模糊我们的视野，妥协我们的需求，或者散布恐惧和压力。同时，我们需要应对外部干扰源，如障碍、阻碍、压力、无效的文化、他人的期望，或者艰难的市场环境所带来的挑战。这些都导致了更大的易变性、不确定性、复杂性和模糊性。结果，这些挑战使我们无法充分发挥自己的潜力。

传统的管理和组织旨在提高效率，它们不受我们对自然思想、决策、行动和行为的需求影响。唯一的解决方案是建立一种工作环境，让人们可以展示他们的知识和才能，为客户谋取利益。其任务是缩小人们需要做什么（他们如何执行）与敏捷设计的好处之间的差距。

内心游戏的原则代表了以人为本这一基础，即人们如何最好地管理并运用他们的才能。因此，通过内心游戏来玩转外部游戏，并指导您的团队做出自己的敏捷选择，其结果就是产生心流，它可以：

- 平衡挑战和技能；
- 融合身心；
- 通过聚焦和专注来明确目标；
- 提供清晰和即时的反馈；
- 专注于当下；

- 提供卓越的控制：权力感和安全感；
- 解除锁定并释放灵感；
- 让时间变得流畅；
- 提供时间和空间消融的体验。

本节介绍了内心游戏和心流。本节中的技术将帮助您转变至以人为本，并指导您的团队建立敏捷。在接下来的小节中，我们将进一步回顾内心游戏的元素，认识到它们对工作环境设计的重要性。我们将从意识开始。

内心游戏

在艺术、科学、体育领域和日常工作中，玩转内心游戏可以让人们更好地利用资源。例如，释放他们快速学习的能力，做出更好的决策，并展现巅峰表现。

要点

- 内心游戏遵循意识、信任和选择的原则。
- 心流是身心融合的最佳状态。
- 敏捷工作环境帮助人们玩转内心游戏。

行动议程

- 确定可以帮助您转变至以人为本的内心游戏、心流和工作环境的要素（使用工具7"进入心流"）。

扩展阅读

On the inner game: Gallwey, W. T. (2000). *The Inner Game of Work*. New York: Random House.

On flow: Csikszentmihalyi, M. (1990). *The Psychology of the Optimal Experience*. New York: Harper & Row.

意识

意识是内心游戏的一部分：它是我们从专注中获得的洞察。无论专注之光照射哪里，它都变得可知且可被理解。助推器#4"打开亮光"，驱散了模糊我们意识的迷雾，它作为实现更高清晰度的工具，提供了意义建构。它进一步说明了为什么意识是应对复杂性的手段，并将意识作为辅导的第一步（参见第2章第5节）。

助推器 #4：打开亮光

通过意识来明晰您对敏捷的思考和选择。

复杂性使寻找有价值的机会变得更加困难。敏捷是将客户放在首位。作为管理周期的第一步，"清晰知道"（参见第2章第3节），确保在整个组织范围内，尽管复杂性很高，但人们还是可以发现通过价值创造使客户受益的机会。这也有利于其他干系人。

我们如何清晰知道？意识使人们能够理解并以深刻的目标感参与其中。这是在复杂环境中进行管理的关

第3章 内心游戏

键——清晰知道。

意识是通过将观察到的数据转化为信息而不对其做出判断的感知。它是关于对当下有一个清晰的认识。非判断性意识是感知正在发生的事情的最佳方式,然而,人们接收到的信号越多,他们对这些信号所包含的信息就越具免疫力。

非判断性意识的力量

当自我 1 的大脑控制我们的思维并决定我们的行为时,我们并没有充分发挥我们的潜力,无论是自我诱导的,还是作为抵御外部压力的防御性机制的作用使然,干扰占据了上风。高尔夫球手通过想象球的飞行轨迹来观察前方的果岭,他们通过选择合适的高尔夫球杆来应对这种情况,并通过击球来达到预期的结果,这是一个感知、反应和结果的循环。我们倾向于以自己的方式行事——我们开始了一个循环:扭曲的感知、扭曲的反应、扭曲的结果,这导致了扭曲的自我形象。这种消极的螺旋可以被所谓的"非判断性意识"所取代。

一旦我们发现我们正以自己的方式行事,我们就会意识到,关注"是什么"而不是"应该是什么",才是消除干扰的关键。作为一名高尔夫球手,只需观察您前方的果岭,您就可以消除扭曲感知的威胁。通过在挥杆的过程中简单地观察特定事物，而不是告诉您的身体应该怎么做，您就可以发挥出您的自然潜力。记住，在练习场上挥动球杆总是有用！只要注意球的位置，您就可以通过接受这点来承认自己表现的结果。这是一个没有任何判断或扭曲自我形象的循环，是一种停止自我干扰循环的方法。

对一个中性但关键的变量的观察，可以帮助您在没有任何指导的情况下执行和改进活动。在挥杆过程中，观察您的左脚可以帮助您保持正确的平衡，而不会产生任何扭曲的指令。就像魔术一样，通过在工作中使用一个关键的绩效变量，人们可以稳步提高自己的绩效。学习得以进行，成绩得以提高。作为导师，您的唯一职责是保持非判断性观察，提供学习机会，并确保人们保持专注。

意识是通过将数据（通过观察获得）转化为信息而不对其做出判断来进行学习的，它结合了技能、知识和经验。非判断性的自我意识是一种学习，意识是清楚地知道当下，外在的意识则是指导。作为领导者，您必须在学习和指导之间做出重要的策略选择。做出这种选择需要了解如何提供方向和学习，这是教练与经理之间的不同选择，教练支持他人学习，而经理告诉员工应该做什么。

意义建构

意义建构（卡尔·韦克，1995）是一种工具，组织可以大规模使用它以达到更高水平的意识。良好的感知可以提高对当前现实的意识。意识建立了对组织能量状态的真实看法，共享意识是领导团队信誉的先决条件。

意义建构是了解最新状况并成为敏捷组织一部分的手段。意义建构将数据转化为信息，以便更好地理解做出决策的背景。它是一种交互工具，可以帮助人们找到几乎每个决策中都会出现的问题的答案，这个问题就是：这（数据、信息）意味着什么？

意义建构侧重于当下、测量和感知，其对话包括理解、质疑、洞察和非判断性观察，它需要一种学习的态度、现实感、发展和专注。获取相关信息和良好的反馈流程为有效的意义构建奠定了基础。在不确定的情况下，更多的信息并非总是有用的。在复杂的情况下，我们需要用正确的方式来查看我们已有的信息。当反馈是直接的、一致的、自主的、诚实的、可控的，并且当它关注的是行为或绩效，而不是人员时，反馈才是有效的。

意义建构如何运作？根据加里·克莱因（2009）的说法，"我们通过将数据元素放入故事等框架中来理解它们，但也会反之——框架决定了我们将什么用作数据"。意义建构提高了对重要事物的认识，而不仅仅是连接各点,它确定了连接点周围的重要内容。为应对高度复杂性,我们可以依靠自己的认知能力来连接各点,并在各点之外赋予其意义。

观察点的作用

关键绩效变量决定了我们注意力集中的焦点。人类一次性最多可以记住 7 件事,这限制了有用度量指标的数量,了解这一点能使组织做出切实的应对。组织可以投资选择正确的指标,而不是用一长串重要的清单分散人们的注意力。在敏捷组织中,选择和使用绩效指标是提供反馈的关键因素。若执行得好,度量指标可以引导组织观察正确的事情。若未达到关键绩效度量指标,则会转移注意力,这意味着组织失去了焦点,因此只选择那些有助于组织预期结果的度量指标至关重要。

实现更强意识的步骤

反馈和信息,特别是来自关键绩效变量的反馈和信息,可以增强人们对重要事项的意识。非判断性观察帮助我们将数据转化为有意义的信息。放松,只专注于您的观察点,学习就会发生,同时消除了所有妨碍您充分发挥潜力的干扰。决定性时刻会让您清楚地知道自己的目标。

以下是帮助您增强意识的五个步骤：

（1）**唤醒意识**：您的注意力越集中，您就越容易更快地实现清晰。实现清晰比保持清晰更容易。

（2）**集中注意力**：对目标的定义越清晰，目标就越容易实现。明确您的目标会带来更多的选择，拥有更多选择则会增加有价值的解决方案的可能性。

（3）**这是您的选择**：处理自己情绪的方式，可能会让您在充满挑战的情况下认知变得清晰。

（4）**相信您的直觉**：快速明确地做出具有挑战性的决策，这有助于从不同的角度看待问题，并利用您的直觉。

（5）**视觉化您的意图**：将未来视觉化可以调动能量，有助于实现目标。这种将未来加以视觉化的能力，是大多数领导者需要培养的能力。

使用工具 8"建立意识"，以拥有更强的意识。

复杂性

随着我们向组织增加员工、地域、产品、部门、职能和干系人，复杂性就会随着规模的增加而增加。传统组织面临的挑战是：当我们忽视了真正重要的东西时，就会要求更多的细节和更高的精确性。我们设置了复杂的流程，但仍然会走错方向。敏捷流程使我们能够应对组织的复杂性。

意识是帮助我们实现清晰并更好地应对复杂性的亮光。敏捷解决方案是考虑管理者如何帮助人们找到目标的选项，信息工具的使用有助于在整个组织范围内共享理解。

意识的转变：为应对日益增长的复杂性，惯例应能建立意识而不是控制意识。复杂性就像水，它不能被压实，更强的意识是应对复杂性日益增加的唯一方法。解决复杂性的传统方法包括解构复杂性、设定目标和授权决策，不断增加的复杂性是低效的、官僚的例行公事和管理流程产生的常见原因。解决方法是适当设计能建立意识的惯例。

作为高管，要建立意识：内心游戏是关于反馈和信息的，特别是来自关键绩效变量的反馈和信息，这会增强人们对"什么重要"的意识。非判断性观察可以帮助您将数据转化为有意义的信息。放松，只专注于您的观察点，学习就会发生，这同时消除了所有妨碍您充分发挥潜力的干扰。决定性时刻会让您清楚地知道自己的目标。

辅导中的意识：建立意识并使其清晰是辅导的第一阶段（参见第 2 章第 5 节）。通过这些输入，接下来您可以通过以下意识茶歇来提高意识的清晰度。

第 3 章 内心游戏

我的意识茶歇

✏️ 在增强意识方面您面临哪些挑战？使用工具 8 "建立意识"。

👓 哪些关注点可以帮助您增强意识？

🎯 您如何使您的组织达到较高水平的意识，找到目标并清楚地知道？

本节提供了助推器 #4，并简要介绍了意识，以及可以帮助人们清除迷雾并将信号与噪声分离的工具。意识是解决组织复杂性的关键原则。您的下一个助推器是关于选择的。

意识

　　意识是帮助我们调整感知并打开亮光的原则和工具，用以查看重要事项并解决组织复杂性问题。

要点

- 非判断性意识创造了促进学习的反馈。
- 意义建构是提高组织大规模意识的工具。
- 以关键绩效变量建立观察点。
- 通过增强意识水平的流程来解决复杂性。
- 以人为本的转变始于增强意识。

行动议程

- 采取必要的步骤，通过使用工具8"建立意识"，让自己达到更高的意识水平。
- 使用意识技术将敏捷引入您的组织。

扩展阅读

On sense-making: Weick, K. (1995). *Sensemaking in organizations*. London: Sage.

On critical performance variables: Neely, A., Adams, C. and Kennerly, M. (2002). *The Performance Prism: The Scorecard for Measuring and Managing Business Success*. London: Financial Times/Prentice Hall.

选择

　　选择是内心游戏的另一个元素：它由遵循我们期望

第3章 内心游戏

的深思熟虑的决策组成。这意味着我们追求我们所喜欢的事物，并对与我们无关的事物说不。助推器 #5 表明，选择是自我负责的先决条件，这一原则给人们带来了乐趣。本节提供了一些工具，将有助于明确自己的选择，表明在模糊环境中运作，选择是必需的能力。

助推器 #5：这是您的选择
依靠自我 2 来选择敏捷。

当我们失去专注时，就会混淆自我 1 和自我 2。自我 1 控制自我 2 的策略只会让自我 1 有更多的发言权，而自我 1 正是最初让我们陷入困境的因素。唯一有效的策略是依靠自我 2，因为这会延迟自我 1 的回归。自我 2 的选择可以让我们触及注意力的焦点以及我们的资源，这种有意识的选择减少了来自自我 1 的干扰。

在模糊的市场环境中，对有价值的商业机会做出选择是一项挑战。敏捷旨在指导决策而不限制选择。管理周期的第二步为"同向前进"（参见第 2 章第 3 节），即在模糊性中，为整个组织范围提供大规模的指导，以便人们做出有益于客户和其他干系人的正确选择。

我们如何朝相同的方向前进？选择是自我负责的先决条件。但方向和选择并不是自然匹配的，自我负责是选择负责并朝着期望的方向前进。

没有选择就没有自由意志

除非有期望的结果，否则选择是无效的。任何对清晰了解情况的反应都需要选择：决策的自由和行动的空间。第一个问题是：谁来决定结果？做出选择的是个体而不是领导者，这是内心游戏的原则之一。个体应该为自己的选择负责，担责意味着对自己负责。将选择权交给决策者，使决策背后的原因成为学习过程的重要组成部分。这样，个体就会觉得自己能掌控一切，他们对选择的结果负责。

选择就是朝着期望的方向前进。没有选择，就没有自由意志。做出选择需要有选项，并且充分认识到其利弊及后果。若没有目标，选择是没有意义的。

人们希望有所选择。人们是否有机会做出贡献，与他们必须前进或行动的空间大小密切相关。前进需要空间，每个空间都由其边界定义，没有边界，就没有空间。缺乏前进空间与缺乏执行机会是同一回事，创造前进空间意味着消除诸如规则、流程、目标等障碍。

选择意味着自己做决策，这需要有明确边界的空间。不提供选择意味着通过规则和规定进行外部决策，即告诉人们他们应该做什么以及如何做。

选择关乎决策。在组织中，这需要一种制定决策的共同语言。这种语言来自绩效三角（见图 2-2）和管理周期,它们共同建立了敏捷的要素和维度。

清晰化您的选择

当您做出特定选择时,需要考虑以下几点:

- **清晰是强意识和专注的结果**:清晰的关键是非判断性意识和反馈,使学习成为可能。
- **选择包括做出深思熟虑的决策**:事后,很容易判断决策的质量。
- **决定性时刻**:这个时候,极度清晰导致显而易见的选择。
- **干扰**:处理干扰的方式是关注自我2。

根据工具9"您的选择"中的步骤,清晰化您对敏捷的选择。

模糊性

应对模糊性需要灵活性和更高的自由度(行动的空间)。当市场发展或萎缩、行业转型、忠诚度消失、禁忌被打破或边界不清晰时,模糊性就会增加。传统组织中高度模糊的挑战在于,它可能导致人们制定新规则和限制性边界。管理原则是应对高度模糊的工具。

选择包括对如何处理模糊性做出决策。敏捷解决方案是，接受人们需要选择权的事实，支持他们的思考，以便他们能够承担责任，并且为他们提供同向前进所需的条件。在组织中巩固选择的最后阶段是探索该系统如何促进人们进行大规模思考。

选择的转变：在越来越模糊的时代，规则必须赋能选择。当未来不明朗时，决策中的选择比标准操作流程表现得更好。更大的模糊性导致了规则受到"感染"以及缺乏遵守规则的纪律。应对模糊性的敏捷性和速度要求基于对选择的设计。

辅导中的选择：辅导的第二阶段涉及厘清思路和做出选择。它依赖于您从敏捷诊断中获得的洞察（参见工具4）、确定的维度和要素，以及您已经建立的导致您选择敏捷的共同语言。关键干预点将指导您的下一阶段。

作为高管，您的选择：内心游戏能帮助您制定清晰的战略并明确组织的长期目标和方向。由于总是存在其他机会和诱惑，所以重要的是要清楚自己的贡献，做出深思熟虑的选择，朝着您期望的方向前进。但是请注意，由于您是与他人合作，因此您需要分享前进的方向并达成一致，以建立可靠的关系。

在您这样做之前，请花点时间进行选择茶歇吧。

我的选择茶歇

✏️ 在做出关键选择时,您面临哪些挑战?使用工具 9 "您的选择"。

    _____

    _____

    _____

👓 您如何才能达到极度清晰?

    _____

    _____

    _____

🎯 您如何使您的组织达成一致?为实现同向前进,您如何与他人进行联结?

    _____

    _____

    _____

助推器 #5 介绍了选择。选择是关于您如何处理组织中的模糊性。您的下一个助推器是关于信任的。

选择

选择是自我负责的先决条件,这意味着将选择权留给执行者和学习者。这是您的组织可以应对模糊的市场环境的方法。

要点

- 选择是自我负责的先决条件。
- 达到大规模清晰的时刻是组织可以做出选择的时候。
- 共同语言可帮助您在整个组织中实现大规模清晰。
- 处理模糊性的方法是促进选择的规则的形成。
- 以人为本的转变随着您对敏捷的选择而形成。

行动议程

- 使用工具 9 "您的选择"，思考如何才能实现清晰。
- 使用与选择相关的技术将敏捷引入您的组织。

扩展阅读

On self-responsibility: Sprenger, R. (2007). *Das Prinzip Selbstverantwortung: Wege zur Motivation*. Frankfurt a M: Campus.

信任

　　信任是内心游戏的另一部分。在不确定时期需要调动资源。助推器 #6 探讨了信任的重要性，并提供了帮助您检查和建立信任的工具。它进一步证明了信任是组织处于不确定性时的关键。

助推器 #6：信任自己和团队
调动您的资源，以您的方式实现敏捷。

"当您放弃某种精神控制时，信任就变得很重要。当自我 1 存有疑问时，心流就会中断。怀疑导致混乱以及行动的瘫痪。当您集中注意力时，您就会意识到您的目标，全神贯注于当下，就不会听到自我 1 的声音"（加尔韦，2000）。您越信任自我 2，干扰您表现和行动的疑虑和不确定性就越少。信任自我 2 意味着您是通过发挥了自己的全部才能来执行任务的。但是自我 2 不能被有意识的思想所控制，做到这一点需要信任和谦逊。傲慢意味着认为自己无所不知，信任自己意味着承认自己并非无所不晓。这使得我们更有意识、更有能力学习。如果我们信任自我 2，它将拥有控制权。

不确定性使得将机会转化为价值变得更加困难。风险无处不在，但敏捷建立在信任之上。管理周期的第三步"调动能量"（参见第 2 章第 3 节），即在整个组织范围内确保员工受到信任，并且信任协作人员克服不确定性和获取价值的能力。

我们如何调动资源？信任是自组织的先决条件。领导者必须信任他们自己组建起来的团队。在不确定的环境中团队必须信任自己的能力。信任是应对高度不确定性的唯一方法。

信任就是速度和敏捷

有了信任，就可以完成任务，而无须等待修正诸如客观契约之类的官僚体系。信任直接减少了行动所需的时间并增强了灵活性。有了信任，人们就可以交换对企业生存至关重要的关键信息。为了提高速度和敏捷，领导者需要放手、信任并减少控制。信任弥补了不可能做到的控制一切的需求：因为我们期望他人有能力且有意愿，这使我们做好放手并减少控制的准备。

信任降低成本

信任是一种低交易成本的控制手段，它无须正式的合同协议即可生效。如果您需要降低运营成本，那么请查看您的运营系统，找到可以通过增加信任来改进的地方。

信任建立承诺

与人打交道时，信任是很正常的事情。领导者授权给信任的员工以完成工作，信任最能产生责任感，信任是一种既有阻力又有力量的姿态，它很强大，它比任何安全活动都更加有效。

信任自己的内在资源（如果您的角色是教练，也可以相信别人的资源)是推动事物发展的重要环节,这是对自然学习过程的信任。通过避免纠正性评论——"做这个,做那个",我们相信学习者对意识和专注的选择,改进和学习就会发生。它需要您相信自己、相信自己的技能和潜力,相信自己的教练能力,并保留指导意见。相信内在的学习能力可能会让您感觉失去控制,但事实上,您正在获得控制——自我控制,高度的自我信任需要很多信任测试。减少控制需要信任——放手并鼓励员工找到自己的方式。勇气的根源是自信,但勇气需要与尊重他人并存。

不确定性

不确定性挑战了组织的战略:战略的生命周期缩短,结果不稳定,对合作伙伴的依赖增加,透明带来了声誉风险。这些都给组织带来更多的不确定性。传统组织中的不确定性的挑战在于,它可能导致我们告诉员工该做什么,并且自己做出决策。我们到底是信任谁——人还是系统?领导者需要通过与员工的积极交互来增加信任。

在充满不确定的时期,信任可以调动资源。敏捷解决方案是建立信任,支持人们采取行动,并为他们提供完成工作所需的资源。因此,我们必须探索管理者如何帮助员工合作的选项。然后,我们必须确定并建立能够在整个组织范围内大规模调动能量实施的系统。

信任的转变：为应对不断增加的不确定性，领导者需要信任而不是指挥员工。应对不确定性的唯一方法是信任自己的能力。随着不确定性的增加，重要的是对平衡责任与外部控制的管理政策进行定义。解决有缺陷的领导力的方法是更好地设计交互，以改善关系并支持合作。为了防止蔓延的不确定性影响绩效，交互需要具有可支持信任的功能设计。

辅导中的信任：学习是辅导的第三阶段。在这一阶段，您的专业知识可以帮助您大规模地转变和发展敏捷。相信您自己和团队的能力，对于您和团队如何合作以成功实现转变至关重要。

作为高管，信任您的能力：内心游戏帮助您将战略转化为行动，其任务是调动您的资源来完成工作。所有资源都在您的掌控之中，因此，您知道可以依靠什么。信任自己的能力和他人的能力，信任是最强大的合作机制。

现在花点时间进行信任茶歇吧。

我的信任茶歇

✏️ 在建立信任方面，您面临哪些挑战？使用工具10"检查信任"来测试您对组织的信任,使用工具 11"审查承诺"来确定承诺是否能够创造价值。

👓 怎样才能实现最大的信任?

🎯 您如何使您的组织产生信任并致力于调动能量?

本节介绍了信任,作为内心游戏技术章节的一部分。助推器 #3 至助推器 #6 都是关于内心游戏的。它们鼓励您思考是什么推动了学习和绩效。下一个助推器将从技术切换到资源。

信任

在不确定的时期调动资源需要信任。

要点

- 信任是自组织的先决条件,领导力取决于信任。
- 信任可提高速度和敏捷、降低成本并建立承诺。
- 信任是应对不确定性的手段。
- 向以人为本转变需要学习——相信您自己和团队会学习和发展。

行动议程

- 在信任茶歇时间考虑对团队的信任(使用工具10"检查信任"和工具11"审查承诺")。
- 用信任来调动资源并在您的组织中转向以人为本。

扩展阅读

On trust: Sprenger, R. (2007). *Vertrauen führt: Worauf es in Unternehmen ankommt.* Frankfurt a M: Campus.

第 4 章 资源

熟练运用内心游戏原理，是人们有效调动资源并成功应对外部游戏挑战的先决条件。借助助推器 #7，我们将探索如何将注意力、时间和能量结合起来，以获取更高的管理回报。这些是您在走向敏捷和超越敏捷的旅程中需要牢记的关键资源。

助推器 #7：管理回报

为敏捷调动资源。

最具才华的人能够最有效地利用他们的资源。他们将非凡的动机和快速的改进加以结合，以释放生产能量。集中注意力是学习的能力，时间创造动机，并把动机转化为能量。

通过以下测试（见图 4-1），开始评估您的资源：

	完全不同意				+/-				完全同意	
	0	10	20	30	40	50	60	70	80	90	100
我能发挥全部能量											
我能有效利用时间											
我能集中注意力											

图 4-1 评估资源

下面是一个简单的公式（西蒙斯和达维拉，1998），可用于帮助您探索如何使用资源：

$$管理回报率 = \frac{在组织中释放的生产能量}{管理投入的时间和注意力}$$

根据您在上述测试中的分值，使用此公式计算管理回报率。这是为了体验公式的工作原理。

管理回报率是一个假设的分值，表明您使用资源的程度：大于 0.5 表明您正在组织中释放生产能量，而且投入的时间和注意力很少，这是效率高、效果好的。小于 0.5 意味着您在时间和注意力上虽然有投入，但没有在您的组织中释放出足够的生产能量，这是效率低且效果差的。当然，现实世界比简单测试所显示的要复杂得多，测试的目的是让您思考您的资源。

我们的建议是在管理上投入尽可能少的时间和注意力，同时最大限度地释放能量。时间和注意力都是有限

第4章 资源

的资源，能量是一种需要补给的资源。

能量是当人们将准备、承诺和参与结合起来时所产生的力量。它是一种有限的资源，具有一定的延伸性。能量只能重新定向，不能创造或移除。但人们并不总是能够获得全部能量，使用完后需要更新和补给，能量补给是一项需要花费时间的投资，并且任何时候能量水平都不能超过100%。

注意力是一种与效果相关的资源，人的注意力也是有限的，其任务是专注于那些提供最大价值的事物，挑战在于要达到高度的专注并保持在该水平。该心理过程会消耗大量的能量，但释放了生产能量。当注意力和能量相结合时，就会产生心流（参见第3章）。

通常，时间是一种与效率相关的资源，人类的可用时间是有限的。我们不能改变时间，时间是唯一无法放大、复制或储存的资源。但是我们如何投入时间，以及我们是否明智地利用它，会产生不同的影响。当时间和能量融合创造心流时，其挑战在于如何达到可控的势头。

因此，很明显，注意力、时间和能量是关键资源。注意力是一种使人们达到清晰的意志力，时间创造势头，能量是执行和完成工作的力量。

注意力、时间和能量是相互关联的。思考表4-1中所概述的摄影的类比。当摄影师在着手捕获图像，选择画面构图，确保光线为独特的图像增添合适的氛围时，他们有很多的选择。镜头和焦距决定了引起注意的焦点，快门速度决定了曝光时间以及捕捉高速运动事物的能力，光圈和感光度允许景深和颗粒度的变化。以上这些决定了图像将展示的重要内容及其质量，即它的能量。从这个意义上说，摄影和管理之间有相似之处。

表 4-1 资源

	摄影	成果
注意力	镜头、焦距	画面：广角或长焦
时间	快门速度	曝光时间：长或短 以正确的运动速度捕捉瞬间
能量	光圈、感光度	景深、颗粒度：大或小 质量：突出重要元素、锐度、质量
决策	对象、透视、光线	清晰度、决定性瞬间
结果	照片	唯一性

管理注意力、时间和能量是个体的责任。但是，领导者和组织有责任建立一个让员工提供较高回报，但同时照顾他们的资源的工作环境。

您所在组织的管理回报率高吗？对于这个概念，有的是它的"朋友"，也有的是它的"敌人"（改编自西蒙斯和达维拉，1998）。管理回报率高的"朋友"包括：

- 最清楚哪些客户、项目、投资和活动是越界的。
- 您的关键绩效变量是由害怕失败的心理所驱动的。

- 您的经理可以回想他们的指标（最多不超过七个）。
- 文书工作和流程只存在于能帮助您做好工作的地方。
- 员工知道是什么让老板凌晨3点还未睡，而这正是他们在工作中整天关注的。

管理回报率高的"敌人"包括：

- 您的组织有着"听天由命"的战略，使命很模糊。
- 您的关键绩效指标在政治上正确：它们涉及所有干系人且不会威胁到任何人。
- 员工不确定自己应担的责任，或者他们大部分时间无法集中注意力。
- 规划、预算和控制已经被取而代之。
- 员工对组织的优先事项知之甚少。

鉴于对管理回报率的概述，请使用资源茶歇来思考您的资源。然后继续使用助推器 #8 来检查您的生产能量。

我的资源茶歇

✎ 在资源方面，您面临哪些挑战？

....

....

....

👓 您的管理回报率是多少？

_____

_____

_____

🎯 您做了哪些工作以实现管理的高回报率？

_____

_____

_____

资源

注意力、时间和能量是关键资源。

要点

- 注意力、时间和能量有限。
- 时间就是效率——它不能被放大、复制或存储。
- 注意力与效果有关——它需要心智努力，集中注意力并达到清晰。
- 如果长时间释放能量，则需要补给能量。

行动议程

- 使用资源茶歇检查您的管理回报情况。
- 识别管理回报率的"朋友"和"敌人"。

第4章 资源

> **扩展阅读**
>
> On return on management: Simons, R. and Davila, A. (1998). How high is your return on management? *Harvard Business Review*, January–February. Accessed 23 April 2020. https://hbr.org/1998/01/how-high-is-your-return-on-management.

能量

基于以上对构成高管理回报率要素的概述,助推器#8深入探讨了能量——通过充分准备、参与和活动提供生产能力和力量的要素。

助推器 #8:强化能量

平衡参与和能量补给,让您的敏捷之路获取成功。

物理学告诉我们,一般来说,所有能量的总和是恒定的,它只能被重新定向。对人类来说,能量是一种有限的资源,具有一定的延伸性。能量消耗完后需要更新和补给,能量补给是一项需要时间的投资,长时间超过100%的能量容量会产生后遗症。而且,人类并不总是能够充分利用自己的能量。

能量流向注意力

能量会流向有注意力的地方。如果我们将能量和注意力集中在习惯性的情绪和过去发生的事件上,那么就会减少当下可用的能量。同样,对外部物质世界的关注会限制我们内心世界可用的能量,其中包括创造新事物所需的思想和情感。

如果我们把注意力和能量放在当下,随着时间的推移,我们的思想就会投入,就会达到一种创造性的状态。从物质世界切换到量子世界(参见第3章):我们就可以在此时此地,触碰到所有的可能性。

量子世界由无形的能量和信息组成,它是超越时空的智慧和意识领域。意识通过注意力和观察建立能量意识,意识与更高频率的信息相结合,这就是具备所有可能性的量子世界。当观察者寻找物质世界时,能量和信息坍缩(即量子效应),能量和信息就会返回物质。

情绪即能量

情绪与人、地点和事物有关,它是我们从经验中获得的反馈。我们的感官记录外部信息,神经元将这些信息连接起来形成模式,记忆是我们经验的快照。一旦我们将注意力从情绪(正面和负面)上移开,能量就会释放出来。因此,我们获得了足够的能量来创造新事物。

改变能量

改变能量需要明确的意图和高涨的情绪,这发生在人们获得所有可能性的决定性时刻。如何才能发掘人的潜力?意图是带电荷的思想,具有高能量和高频率的特性,并且携带信息。情绪由带有磁荷的能量组成,在量子环境中,潜力在于信息的频率。如果能量频率与潜力频率匹配,那么就会吸引新的体验,它就会来到您身边。有了明确的意图和更强烈的情感,意识就会吸引新的体验。因此,为了吸引新的体验,我们只需要施加注意力并唤醒意识。

个体能量

能量要求我们的工作有目标,并且这对我们个人很重要。它实现了心流状态:巅峰表现的状态。这里有一些实际情形可以帮助您思考个体能量以及如何保持它的高水平:

- **身体——物理的能量**:良好的身体条件是达到巅峰表现水平的先决条件。
- **心灵/感觉——能量的质量**:正能量会带来更优的绩效,而负能量会降低绩效。我们的任务是建立调动正能量的仪式：呼吸、故事和目标。
- **大脑／态度——能量的聚焦**：干扰限制了我们的专注，且代价高昂——想想多任务处理、电子邮件和电话。
- **精神——目标和意义背后的能量**：绩效是符合我们价值观的日常活动的结果，它提供了目标和意义。

组织能量

能量可以与组织中的文化进行比较。对于组织来说，要应对更大的挑战，重要的是尽量减少来自内部的干扰——必须具备一种没有"病毒"的文化，其任务是建立一个释放员工生产能量的工作环境。富有成效的企业文化对成功有积极的影响，这是生产能量的展现方式。

充满活力的文化可以释放员工的生产能量，为动机注入能量。我将能量定义为集体关注和有效利用时间的结果，它是针对组织目标而累积的能力和资源之间的强大空间。

高能量意味着所有资源都致力于最大限度地发挥组织的能力并建立竞争优势。在充满活力的文化中，所有资源协作释放出生产能量。

物理学告诉我们，所有能量的总和恒定不变。能量不会凭空出现，也不会凭空消失，能量只能转化。能量是一个过程，而不是一种物质。它只能被重新定向或以不同的方式使用。例如，当人们出于热情释放能量行事时，就会带来同等程度的快乐和满足感。

充满活力的高能量文化支持组织的整体协调。资源致力于这个共享的基础，这意味着它们自然地与组织的目标保持一致。

很多组织发展能力、知识和技能，但在能力和能量方面，它们是盲目的。个人、团队和组织可以通过很少的干预轻松提高它们的能力，其任务是以最佳方式调整可用的能量，将所有的能量引导到正确的方向。

现在开始您的能量茶歇，思考您的能量和组织中的能量。

我的能量茶歇

✏ 您的能量面临哪些挑战？使用工具12"检查能量"，检查您的能量在哪里，然后使用工具13"补充能量"，确定您的能量策略。

👓 您的能量水平是多少？为什么处于该水平？

_____

_____

_____

⊕ 您能做些什么来释放更多的生产能量？

_____

_____

_____

这个助推器提供了能量的基础。接下来是助推器 #9，我们将集中注意力视为关键资源。

能量

能量是人们将准备、承诺和参与加以结合时产生的力量。

要点

- 能量是一种有限的资源，具有一定的延伸性。
- 能量用完后需要补充。

行动议程

- 茶歇一会儿：如何释放更多的生产能量？

- 使用工具 12 "检查能量"，检查您的能量水平。
- 使用工具 13 "补充能量"，寻找补充能量和更新能量的方法。

扩展阅读

On individual energy: Schwartz T. and McCarthy, C. (2007). Manage your energy, not your time. *Harvard Business Review*, October. Accessed 23 April 2020. https://hbr.org/2007/10/manage-your-energy-not-your-time.

On organizational energy: Bruch, H. and Ghoshal, S. (2004). *A Bias for Action: How Effective Managers Harness Their Willpower, Achieve Results, and Stop Wasting Time*. Boston: Harvard Business School Press.

注意力焦点

专注是内心游戏的一部分，也是决定管理回报率的第二种资源。它包括集中注意力，专注于对我们来说重要的事情，并快速学习。助推器 #9 探索了一种非常宝贵的资源，作为人类，我们可以将其用于任何需要大脑活跃的活动。

这种有限的资源就是注意力，专注是对最重要的事情的自发关注，这是一种需要能量的有意识地集中精力的行为。人们面临的挑战是在一段时间内保持专注，管理者可以在自发地集中注意力和遵循具体绩效指标从而实现目标之间进行选择。

助推器 #9：集中注意力
学习执行您所选择的敏捷。

通过集中注意力，我们可以和世界上的一切建立联系，只有这样，我们才能认识和理解事物。注意力对于行动的学习、理解和熟练至关重要，只有当我们全神贯注时，我们才会运用所有的资源，以便有所成效。当我们全神贯注时，自我产生的干扰就会被抵消，如果全神贯注，自我 1 就没有了空间（参见第 3 章）。

专注是引导至特定结果的能量。尽管每天都会出现很多让人分心的事，但专注的管理者可以集中能量。专注不仅可以对特定的干扰做出反应，还可以帮助我们保持在正轨上，追求我们的目标。我们的活动都是为了一个特定的目的。专注的行为不是偶然出现的，这是一种深思熟虑的心理行为，并遵循个人的纪律规范。

集中注意力是一个量子环境。在观察的那一刻起，就产生了新的洞察，从而产生新的知识，刻意的关注可以调动行为和思想。

大脑处理信息的能力有限。专注是选择哪些信息需要获得注意力，哪些信息需要忽略，没有在几秒钟内引起注意的信息就会丢失。

专注意味着注意力集中在重要的事情上，专注是精

第 4 章 资源

神上的存在。专注是区分重要信息和不重要信息的过滤器，它将新信息和产生情绪的信息与其他信息区分开来。与其他类型的信息相比，充满情感的信息更容易吸引注意力。对于注意力如何产生以及它如何分离信息而言，需求、兴趣、心态和动机尤为重要。

注意力与意识有关。当我们关注信息时，我们就会意识到它。但大脑也会处理不能引起我们注意的信息，这种注意力是在不知不觉中产生的。虽然注意力的产生是一种无意识的大脑活动，但我们可以将其作为一个受控的过程来施加影响。然而，这种集中的注意力的持续时间、强度和深度各不相同。

注意力总是处理最高优先级的主题。优先级本身是由偏离正常的、错误的或被期望的事件所触发的。

不可能同时（即在同一毫秒内）注意到不同的触发因素。例如明显的或隐性的，这意味着注意力只能集中在一件事上。将注意力从一件事转移到另一件事需要能量，这会使我们很快感到疲倦。

如果我们特别关注某件事，它就会成为一种习惯。这就是为什么偶尔回顾一下引起我们关注的事件是有意义的。

回到商业世界：易变性使我们难以坚持并遵循我们选择的道路，而敏捷有助于我们保持灵活性并保持在正轨上。管理周期的第四步"保持专注"（参见第 2 章第 3

节），确保即使在整个组织内发生频繁且迅速的大规模变化时，人们也有能力交付价值。

我们如何保持专注？由于集中注意力是学习中的一项基本技能，能够集中注意力并专注的人更擅长应对快速变化的环境。

在工作中，专注可能是在每一项活动、每一个复杂工作中获得卓越绩效的最重要的组成部分。正如彼得·圣吉（1999）所强调的："集中注意力不是一件小事。事实上，掌握任何领域的大部分过程，都需要有不断提高注意力的能力，并同时加以执行。我认为，所有的组织都必须发展自己的实践和纪律来培养注意力。"专注使我们观察到的一切变得清晰，它受我们的选择和愿望支配。依靠无意识的控制需要信任。

专注就是力量：首席执行官经常面临一连串的决策和行动。多任务处理在一定程度上适用于高度自动化的任务，但对于高风险的决策，它往往是行不通的。大脑的前额叶部分使用最多的能量，用于处理新的、复杂的决策。因此，您必须尽可能多地将能量分流到该部分，您可以通过集中思考和限制外界的感官输入来做到这一点。我们中的很多人已经忘记了如何快速达到这种高度的专注，当它应用于一群人时，这个问题变得尤为重要，更不用说整个组织了。组织需要管理技术来帮助员工集中注意力。

专注意味着目标导向：专注于特定事物而不分心。它要求人们有意识地将活动导向他们的目标。专注是一种需要能量的有意识行为，因此，遵循您的意图并在很长一段时间内保持专注是一项独特的技能。

提醒一句：过多的关注会使人们对其他机会视而不见。好消息是，专注需要能量，这意味着高度专注自然会辅以能够补充能量的常规工作。人们利用放松的时刻来确保他们可以重新专注于相关的工作。

集中注意力对组织的领导力也颇有益处。它建立在目标导向的基础之上，却没有目标管理的负面影响。正如我已经广泛论证的那样（米歇尔，2013，2017），目标和目标设定机制对人们的绩效有负面影响。然而，集中注意力使用关键绩效变量（目标的测量部分）作为观察点，因此，人们依赖于那些与他们的工作相关的度量指标。负责人知道绩效好与差的区别，没有必要用其他标准来补充关键绩效变量。事实上，为度量指标设定标准或目标会消除集中注意力的整个影响，它破坏了内心游戏。

易变性

如今，动态环境已成为常态。速度、链接技术和实时进程增加了对快速决策的需求。今天，人们总是期望立即得到回应。在高度易变性的环境中所面临的挑战是，当控制失效时，我们倾向于设置更多的控制，我们的默认行为是让一切都在控制之中。一直以来，控制都是用来应对环境动态的传统领导力工具。

在敏捷方法中，集中注意力是人们在易变环境中学习执行的技术。解决方案源自集中注意力：人们如何参与并坚持，以保持所选择的方向。

专注的转变：为应对更大的易变性，我们需要集中注意力的工具，而不只是瞄准的工具。当事物快速变化时，人们需要可以赖以坚持的东西。运用将注意力集中在重要事项上的工具。在易变性和市场动态不断增加的情况下，正确制定控制政策非常重要，以便在实现自我主动性和促进目标实现之间取得平衡。修复无用工具的方法是重新设计它们，以专注于目标和协作。通过使用工具来帮助人们集中注意力，而不是仅仅实现控制，来防止人们将注意力集中在错误的事项上。

通过辅导来集中注意力：注意力是辅导的第一和第二阶段的一部分（参见第 2 章第 5 节）。诊断洞察提供了观察点。通过关注关键问题，我们的大脑开始学习并找到当下问题的解决方案。

作为高管，集中注意力：注意力是一种有限的资源，需要能量来维持。因此，不要因保持高水平的能量而分心,还要考虑一下您的"暂停"时间以及如何补充能量,这很重要。边界和信念(米歇尔,2013)可以指导您的注意力跨度,专注可以确保您到达目的地——您将能够应对已出现的挑战。

专注与能量

高度专注能够释放生产能量,意识创造清晰,专注维持注意力。综合起来,这些关键要素带来了在复杂多变的环境中运营所需的高管理回报率。

四种模式可用于识别您的专注如何影响能量,它们分别是有效型、脱节型、疯狂型和瘫痪型(见图4-2)。集中注意力的能力、保持专注的能力,以及学会快速进入心流区域并停留在那里的能力,这些能力有助于提高工作的有效性。

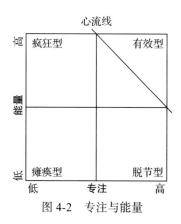

图4-2 专注与能量

有效型：高专注，高能量。清晰导致心流。10% 的领导者属于这一类。他们：

- 使用经验，退后一步并反思。
- 自我负责、深思熟虑并思维敏锐。
- 希望贡献一些重要的东西。

脱节型：高专注，低能量。思考很多，但影响很小。40% 的领导者属于这一类。他们：

- 混淆了想法与成果。
- 允许短期思维将他们引向错误的方向。
- 让他们的习惯占据主导地位，不断变化主题。

疯狂型：低专注，高能量。有很多无厘头动作。20% 的领导者属于这一类。他们：

- 将忙碌和富有成效的解决方案混为一谈。
- 用权力机制保护自己。
- 消耗能量，但缺乏个人资源。

瘫痪型：低专注，低能量。没有行动或野心。30% 的领导者属于这一类。他们：

- 管理和跟随他人。

- 缺乏主动性，几乎不做出改变。
- 总是很忙，对所有事情都有一套说辞。

达到高效的心流区域的策略包括唤醒意识、清晰知道、保持专注、呵护能量以及持续学习。解决方案包括以下内容：

- **增强您的意识，集中注意力，保持能量。**
- **消除组织干扰**：修复错误的领导和受"病毒"感染的文化（敏捷特性的修复）。

现在，利用集中注意力茶歇来提高您的注意力。

请注意：集中注意力需要技能和训练才能实现。要充分体验注意力集中的力量，请听从专家的指导，专家会提供有关如何以最有效的方式学习使用集中注意力的实践练习。

我的集中注意力茶歇

✏ 在专注方面，您面临哪些挑战？使用工具14"集中注意力"，查看需要您注意的主题。

👓 您有哪些保持专注的方式？为什么？

_____

_____

_____

🎯 您如何集中注意力，以释放更多的生产能量？

_____

_____

_____

助推器 #9 介绍了集中注意力，这是帮助我们学习和执行的资源和技术。通过专注提高意识和注意力，是应对更加易变和复杂环境的一种手段。您的下一个助推器是关于时间的。

集中注意力
集中注意力是将心智能力集中在对我们重要的事情上。

要点
- 注意力是一种有限的资源。
- 集中注意力是处理易变性的资源。
- 四种模式可用于确定您的注意力焦点和实现心流的策略。
- 集中注意力会激发学习和绩效。

- 以人为本的转变用集中注意力的技能取代了详细的绩效目标。

行动议程

- 确定您的专注模式和策略,以到达心流区域。
- 使用集中注意力茶歇来思考如何集中注意力并释放更多能量。
- 使用工具14"集中注意力",确定您注意力的优先级。

扩展阅读

On individual attention: Gallwey, W. T. (2000). *The Inner Game of Work*. New York: Random House.

On organizational attention: Simons, R. (1995). *Levers of Control: How Managers Use Innovative Control Systems to Drive Strategic Renewal*. Boston: Harvard Business School Press.

时间

时间是决定高管理回报率的第三个要素。通常它是与效率相关的资源。助推器 #10 探讨了您可以对自己的路径进行投资,以实现和保持释放生产能量的强劲势头。时间是能量的一种来源。

人们可用的时间是有限的。我们无法改变时间——它是不断流逝的。虽然时间有限,但是我们如何投入时间,以及我们是否能明智地运用它,会产生不同的影响。由于时间本身无法被管理,所以您必须决定如何运用时间。"时间管理"这个用词本就值得商榷，其挑战在于当时间和能量相融合创造心流时，如何实现持续的强劲势头。然而，势头就像一辆没有刹车的赛车，它需要被控制。

助推器 #10：保持势头

保持敏捷之旅的步伐。

时间与金钱具有同等价值。因此，在您继续阅读之前，请花点时间思考一下您的时间。要开始此内容，请使用工具 15 "时间账户"，来审查一下您的时间花费，以及这些时间是否符合您的需求和角色。

对于工作中的大多数活动，时间是一个关键因素。大多数时候，时间管理着我们，而非相反。在给定的时间范围内，我们可以更明智地做事。因此，重要的是建立对时间的认识：时间与您的活动之间的关系。在深入了解您的时间之前，请考虑一下工具 16 "执行时间 101"。

时间是什么

空间和时间是人类意识和思维的基础。我们对时间的意识不如对空间的意识。试试这个实验：找一个会滴答作响的旧闹钟，并将时间设置为三分钟。在不看时钟的情况下，观察时间的流逝。您的三分钟体验如何？您能感觉到时间吗?它是现在,还是作为过去的延伸?它是一种极限,还是一种压力,抑或是一种结束?

以下是对时间不同方面的概述:

- **时间的物理学意义**:亚里士多德将时间定义为关乎前与后的运动的数,并且是连续的;伽利略将时间视为一个独立变量;牛顿将绝对时间定义为不受其他事物干扰的持续流逝着的东西;爱因斯坦通过引入相对论纠正了这些想法,他认为的时间是一个相对术语,作为第四维度与空间相关联。
- **时间的生物学意义**:这里的重点是时间意识和时间节律,时间是内源性"授时因子"(线索),如我们的生物钟,以及外源性"授时因子",如光线和温度。
- **时间的心理学意义**:这里的重点是我们如何感知时间,它如何影响行为,以及我们对时间实例的定位。
- **时间的哲学意义**:时间被视为永恒的对立面。对于奥古斯丁来说,时间是上帝创造的一种现象;对于上帝来说,一切都是现在的时间;对于康德来说,时间是一种人类将时间体验为流动的、一系列实例的能力,洞察取决于时间和空间;黑格尔将时间与精神联系起来,现在包括过去和未来,每一个历史时刻都是时空的运动,时间塑造洞察力和世界观。海德格尔在积极意义上将时间与时效性、有限性和限制性联系起来,这就要求我们选择机会。

时间与能量

强劲的势头释放出能量,信任是见效最快的管理概念。在没有其他管理关联的情况下,领导者可以同样快速地完成工作。选择可以消除疑虑并加快决策的速度。综合起来,这些关键要素有助于在模糊和不确定的环境中运营所需的高管理回报率。

可以使用四种模式来识别正确使用时间将如何产生能量,它们分别是:高效型、无果型、亢奋型和怠惰型(见图 4-3)。有效地利用时间包括利用势头、行动和动机进入心流区域并停留在那里。

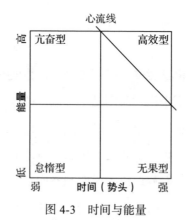

图 4-3 时间与能量

高效型：强势头，高能量。信任和选择导致心流。10% 的领导者属于这一类。他们：

- 利用经验，做出决策并采取行动。
- 有动力，有选择，有信任。
- 想做一些重要的事。

无果型：强势头，低能量。控制限制速度。40% 的领导者属于这一类。他们：

- 将行动与影响混为一谈。
- 利用短期反应制造不确定性。
- 遵守规则，互动以激怒彼此。

亢奋型：弱势头，高能量。速度失控。20% 的领导者属于这一类。他们：

- 将忙碌与富有成效的行动混为一谈。
- 通过做戏和不信任进行干预。
- 消耗能量，但持续时间不长。

怠惰型：弱势头，低能量。30% 的领导者属于这一类。他们：

- 按照规则工作，仅此而已。

- 等待完成任务的动机。
- 听从命令，抵制变革。

达到高效心流区域的策略包括同向前进、调动能量、创造势头、行动和动机。解决方案包括以下内容：

- **允许选择并信任您和团队的能力。**
- **消除组织干扰**：修复错误系统和受"病毒"感染的文化（修复具有敏捷特性）。

执行步调

时间是能量的来源，需要您谨慎地投资。以下是一些与时间相关的需要考虑的事项（使用工具18"执行步调"，来度过您的时间）：

- 利用过去、现在和未来的力量，而不是传统的时间管理。
- 要连续地运用时间而不是断断续续的。正是这种心态让您进入心流并收获最佳绩效。
- 将时间视为主观的、有弹性的，而不是固定不变的。学会加速、减速和停止。
- 考虑到员工、组织和客户都有自己的节奏，您可以适应或调节节奏。
- 将时间视为时钟或者机会和创造力的来源。

- 将时间当作快乐的能量来源。

组织步调是一种遵循有规律的周期的节奏，可指导执行步调。

有鉴于此，请使用以下的时间茶歇来反映您对时间的利用。

我的时间茶歇

✏️ 在时间上您遇到了哪些挑战？使用工具17"调整节奏"和工具18"执行步调"。

<u>　　　　　　　　　　　　　　　　　　　　　</u>
<u>　　　　　　　　　　　　　　　　　　　　　</u>
<u>　　　　　　　　　　　　　　　　　　　　　</u>

👓 您如何及时调整自己的节奏？为什么？

<u>　　　　　　　　　　　　　　　　　　　　　</u>
<u>　　　　　　　　　　　　　　　　　　　　　</u>
<u>　　　　　　　　　　　　　　　　　　　　　</u>

⊕ 您如何利用时间来释放更多的生产能量？

<u>　　　　　　　　　　　　　　　　　　　　　</u>
<u>　　　　　　　　　　　　　　　　　　　　　</u>
<u>　　　　　　　　　　　　　　　　　　　　　</u>

助推器 #10 是关于时间以及对纪律和效率的需要的。下一个助推器是关于空间和担责的。

时间

时间由释放生产能量的时刻和势头组成。

要点

- 时间是有限的资源，它不能变化，它不断地流逝。时间和能量相结合创造出势头。

行动议程

- 确定您可以使用的时间模式和策略，以到达心流区域。
- 使用工具 15"时间账户"，确定您时间安排上的优先级。
- 使用工具 16"执行时间 101"，反思您对时间的利用。
- 使用时间茶歇来思考如何通过工具 17"调整节奏"和工具 18"执行步调"来利用时间释放生产能量。

扩展阅读

On the meaning of time: Clemens, J. K. and Dalrymple, S. (2005). *Time Mastery: How Temporal Intelligence Will Make You a Stronger Leader*. New York: Amacon.

On time management: Mankins, M. (2004). Stop wasting valuable time. *Harvard Business Review*, September. Accessed 23 April 2020. https://hbr.org/2004/09/stop-wasting-valuable-time.

空间

"给我一些空间"，当某些事情缩小了我们的空间，或者当有重要的事情摆在我们面前，需要反思或采取行动时，我们就会说这句话。空间是我们的第四种资源，它既是个体的资源，也是组织的资源，能量、注意力焦点和时间都发生在空间中。担责定义了您的管理空间并触发了组织结构。在担责杠杆的帮助下，助推器 #11 根据以人为本的原则，及时创建了您的特定空间。

助推器 #11：创建空间
建立您的担责概要。

在构建个体空间之前，有必要认识到物质环境和量子环境在空间和时间维度上的差异。两者的对比说明了为什么通过非判断性观察的意识有助于我们向敏捷敞开大门，因为敏捷是以全新的方式来看待世界的，而不拘泥于我们过去的经验。

空间与时间

空间与时间用已知的人、物体、地点和时刻构建了我们的物质世界。我们将环境感知为形式、结构、质量和密度。如果没有人体所有的感觉，我们就无法充分体验我们的物质世界。如果其中一种感觉缺失，我们对现实的感知就会不同。例如，没有能见度的情况下滑雪会立即产生不确定感。在物质世界中,空间几乎是无限的、永恒的。

从一个地点转移到另一个地点需要时间。按牛顿的解释,我们通过运动来体验时间:从意识点 1 到意识点 2 需要时间。

与环境的相互作用使我们成为人类。过去的经历在我们的记忆中创造了模式,聚焦于物质世界,三维的、已知的和可预测的环境占据主导。结果便是固定的思想、行为和行动。

管理者则通过他们的行动体验空间和时间:谁在什么时候做什么?

时间与空间

时间与空间构成了非物理的量子环境,一个充满未知、无限可能和能量的反向世界。时间大于空间,时间是无穷的、永恒的、无限的。注意力和专注是永恒的。自我将注意力从外部转移到自身,以进入时间和空间。这样,注意力就集中在空间、能量、频率和信息上。

获取量子能量需要从封闭的焦点(物质)转换至开放的焦点:从 β 状态变为 α 状态(参见第 3 章)。思想和物质结合为能量——具有特定频率的波,它可以通过意识获得。这为我们打开了具有无限可能性的多个空间。

通过观察，能量粒子以物质的形式出现，将未知转化为已知。如果观察停止，粒子就会变回能量。与内心游戏一起，我们使用非判断性观察来打开专注的实际应用。

当管理者体验到清晰或心流时，他们就会感受到时间和空间：结果就是巅峰表现。

担责是个人空间。敏捷基于自我负责，选择专注于自我 2。担责会在空间和时间范围内产生责任。所以，担责定义了您的空间。因此，使用实用工具来帮助您在敏捷环境中定义责任是有意义的。敏捷不是固定的权利和义务，而是将担责视为一个空间，您可以塑造、进入和维护以满足需求的空间。

罗伯特·西蒙斯（2005）在其开创性著作《组织设计杠杆》中提出了一种优雅的方式，使用四个杠杆来创建您的空间：控制跨度、担责跨度、影响跨度和支持跨度。图 4-4 将这些杠杆组合到管理空间中。小跨度意味着小空间，大跨度意味着大空间。

控制跨度定义了您可以控制的可用资源。它包括资产负债表里的资产、无形资源和人员。担责跨度定义了您可用的关键绩效测量指标，可能很少，也可能很多，很少的指标允许广泛的担责，很多的指标则缩小了您的担责范围。影响跨度定义了您在组织内部以及与组织外部与其他人的互动。支持跨度定义了协作，或多或少需要来自其他人的支持。

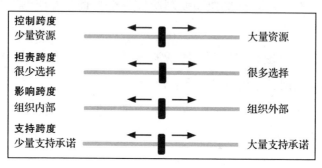

图 4-4　担责杠杆

控制跨度和支持跨度代表组织资源的供应。控制跨度定义了个人直接控制的正式资源：决策权、设施、信息以及其他有形和无形资源。支持承诺等软资源对于复杂组织的运作非常重要。重要的问题是：我可以依靠哪些资源？

担责跨度和影响跨度代表了个人对资源的需求。担责程度定义了关键绩效测量指标和激励措施之间的权衡。它创造了个人对实现其目标所需资源的需求，例如获得人员、知识、设施、信息、基础设施等。网络、外部资源或延伸目标等压力也会产生需求。重要的问题是：我需要与谁互动和影响谁来实现自己的目标？

执行空间由以下跨度定义：

第4章 资源

- **控制**：我可以控制哪些资源来完成任务？
- **担责**：我可以使用哪些测量指标来评估绩效？
- **影响**：我需要与谁互动和影响谁才能实现目标？
- **支持**：当我向他人寻求帮助时，我可以获得多少支持？

图 4-5 将跨度组合成一个协议，将担责框定为一个空间，并完成了一个与 CEO 担责有关的例子。工具 19 包含一个空白版本的担责概要供您填写。

职务：CEO	
职位	担责
职责：对组织的战略和结果负责 **报告给**：董事会 **控制**：管理团队 **资源**：组织、资产负债表、业务职能、支持人员、合资企业、合作伙伴	**测量指标和结果**：增长、收益、股价、企业健康 **任务**：战略、风险、声誉、人才、系统、协调 **权利**：领导管理委员会、战略决策、声誉、人才、系统、治理、支持
协作	概要
影响：管理团队的决策 **职责**：通知董事会，通知组织 **支持**：管理团队 **被支持**：董事会	**控制跨度** 少量资源 ———————— 大量资源 **担责跨度** 很少选择 ———————— 很多选择 **影响跨度** 组织内部 ———————— 组织外部 **支持跨度** 少量支持承诺 ———————— 大量支持承诺

图 4-5 担责概要

我们需要在昂贵的资源需求和资源供应之间取得平衡。通过 X 测试确定平衡的存在（参见图 4-5 中跨度之间的连接）。当两条线交叉时，资源在特定工作的空间中取得平衡。

结构和担责定义了组织空间，并确定了组织资源的需求和使用。通过调整跨度，高管可以根据更高敏捷性的需求来设计他们的担责。通过这种方式，可以为团队、职能机构和部门（基本上是组织中的每个成员）的收益设计担责。因此，结构基于以人为本的原则而出现。个人空间将担责融入工作场所。这样，工作场所的设计就变得非常重要。

鉴于图 4-5 中的 CEO 示例，是时候使用空间茶歇来定义您的担责了。

我的空间茶歇

✏ 在空间中您遇到了哪些挑战？

_____

_____

_____

第 4 章 资源

👓 您是如何使用您的空间的？

_____
_____

⊕ 您如何利用空间来建立担责？

_____
_____

作为清晰担责的一种手段，助推器 #11 探索了空间。担责结合了个人和组织的资源。下一个助推器是关于无处不在的领导力，以及如何让它为组织中的每个成员服务的。

空间

空间定义了担责，是敏捷工作场所和结构的先决条件。

要点

- 组织空间由物质和结构组成。
- 结构遵循担责制。
- 个人空间与担责密切相关，并结合了物质和量子环境。
- 担责和非判断性观察使高管能够将未知转化为已知的物质世界。

- 对于人们来说，空间意味着工作场所，需要加以正确的设计。

行动议程

- 使用空间茶歇来思考您的空间和担责。
- 使用工具 19 "担责概要"，通过描述您的担责来识别空间。

扩展阅读

On accountability levers: Simons, R. (2005). *Levers of Organization Design: How Managers Use Accountability Systems for Greater Performance and Commitment*. Boston: Harvard Business School Press.

第 5 章 决策

在前面的章节中,我们介绍了内心游戏的力量,并讨论了每个人都可以学习和执行的资源,这些是成为敏捷高管的关键要素。在第 2 章"领导力的五个维度"中,我们探索了高管释放才能并创造价值所需的组织环境。决策是见证敏捷本质的时刻,当个体敏捷与组织敏捷碰撞的时候,就会出现这种情况。在知识时代,人人都是高管,人人都做决策。助推器 #12 是关于决策以及建立无处不在的领导力的机会的。

助推器 #12:建立无处不在的领导力
发展无处不在的决策是竞争优势。

知识作用使用了以下过程的决策：理解、思考、决策、行动、参与和坚持。传统的决策是将思考与行动分开，高层领导负责思考，基层员工负责行动。敏捷决策依赖于内心游戏和个人资源，敏捷具有专注于潜力和限制干扰的能力。大多数对决策的干扰源于对高管决策支持不足的体系，这些体系建立在对人员的传统的消极假设之上。

决策理论和社会信息处理理论区分了理性推理和启发式推理。理性推理是以一种基于个人价值观和风险偏好的思考和行动，从而产生最佳结果。启发式推理使用现有知识作为确定选择和行为的手段。自利和理性推理是相互影响的，当个人风险很高时，自利要求理性地判断。因此，个人倾向于在决策时付出更多的努力且更加严谨。

对于领导者来说，挑战在于确保人们能够充分发挥自身潜力为客户服务。很多研究表明，为了实现控制，似乎没有必要密切监视员工。普遍的共识是，管理者应该允许员工在确定目标以及如何最好地实现目标方面拥有一定程度的自主权。因为我们希望从员工那里得到最好的结果，所以我们需要仔细研究组织中当前的实践，以探索高效的运营环境是什么样的。

生产运营环境

理解和思考

人们的思想、观念和创造力（通常称为"社会创新"）与组织绩效呈正相关。然而，要让人们的创造力蓬勃发展，就需要一个对全新领域、合作、出其不意、不确定性和挑战开放的环境。

知识型员工有一套内在的地图，利用它们作为心智模型来理解情境并帮助自己做出决策。这种心智模型在知识工作中至关重要，它们是关于世界如何运转的深刻锚定的内部图景的，包括从根本上决定我们的思想、决策、行动和行为的价值观。心智模型使我们能够走上捷径并快速处理信息。随着经验的增加，我们将信息添加到我们的地图中，因此它们会发生变化。这有助于我们学习和寻找新的解决方案。

但在很多时候，我们的思想仍然停留在熟悉的范围内。与他人交换思想以展开我们的学习是值得的。对组织的益处不仅来自个体思考，还来自集体思考，更多的人可以看到更多不同的方面，他们可以互相帮助，跳出思维定式并找到改进的解决方案。挑战在于集体思考需要与我们的心智地图保持一致，这需要我们的信念、思想和假设的强烈交互和分享。

CEO需要意识到，他们的心智模型会快速得到传播。与领导力风格一样，人们会观察并放大领导者的思考，这意味着领导者的思考逐渐占据主导，可以迅速强化积极或消极的趋势。领导者的思想可以找出好的想法或阻止不相关的事情，以强化所需的路径。

在工业时代，人们认为思考仍然是最重要的，高管是被雇来进行思考的。思想与行动明显分开，这意味着执行顶层高管做出的决策是员工的任务。但是，要想充分利用人们的知识和技能，就需要向下授权员工自己负责制定决策，并同时负责执行决策。

决策

在知识驱动型公司中，员工做出决策，且大多数决策都是在相互冲突的目标之间做出选择。根据定义，矛盾的目标需要做出决策，任何其他方式都无法解决冲突。因此，决策需要一个决策者，谁做决策谁就要承担责任。解决相互冲突的目标是成为高管的条件。正如彼得·德鲁克（1967）所说：在知识社会，每一位知识工作者都是管理者，他们也要制定决策。

企业领导面临的挑战是指导组织的决策。什么将帮助您的领导和管理者在相互竞争的目标之间做出决策？一般来说，组织愿景提供了一个长期视角，可用于确定决策内容（什么），价值观有助于决策过程（如何）。作为指导方针，愿景和价值观应该避免模糊性，尽管价值观本质上是模糊的。

当声称"透明"时，我们还需要"保密"：我们将透明作为一种价值观，因为有些事情需要保密，否则就没有理由拥有这样的价值观。但不能将复杂性降低到要么A要么B，需要明确的价值观来降低两极性。这表明定义价值观和愿景是困难的，需要格外小心。根据经验，一些"不透明"会有助于树立价值观。价值观的问题是通常过于精确化，例如，对每个价值观的详细描述具有完全的透明度。详细的价值观总是会卡在无法清晰表达的情境中，更多细节的情境需要更多默认的价值观。这会导致价值观和制定价值观的领导者失去可信度。

行动

绩效是行动的结果，而非行动的意图。人们将自身能量投入到他们关心的事情上，能量要求行动是有意义的，这也意味着人们有责任感。例如，他们积极主动并把事情做好。采取行动需要选择、自我控制和决心。让人们承担责任会吸引最优秀的人才加入组织，因为他们可以实现自己的目标。

目标协议作为实现目标导向行为的手段，其有效性取决于市场。目标是一个需要协商的话题，德鲁克目标导向思想的背景是第二次世界大战后西方经济由恢复转向快速发展的时期，企业急需采用新的方法调动员工积极性，而如今的工作环境已发生了根本性变化。不幸的是，随着时间的推移，德鲁克的工具在许多组织中被扭曲了，它们变成了一种控制手段。行动的价值来自集体的能量，而不是赚钱。因此，在使用目标协议时要小心。如果员工感知到动荡的信号，即使一个善意的想法也可能会对你不利。

参与和坚持

价值观决定我们的行为，它们在正常情况下工作得很好。然而，在发生冲突的情况下，我们最原始、最主要的行为起了主导作用——它们会随着时间的推移在我们的大脑中变得更加顽固。当事情出了差错时，我们总是能快速地指出有错的人。逻辑是，"因为事情出了问题，有一个犯错的人，我们需要纠正这个人，以防止重复不作为"。组织在修复人员方面投入了大量资金。组织的"修复商"很高，但效率很低。为解决这些固化的行为，组织会进行培训，这通常被称为"学习"，但实际上是为了改变他们的行为。我们告诉员工该做什么或不该做什么，而不是要求他们利用自己的创造力、想法和知识来把事情做好。

学习总是在我们期待自己有所表现的情况下进行的。正如约翰·沃尔夫冈·冯·歌德所观察到的那样，自我改变是有效的："所有的改变都源于悲伤。"只有经历痛苦才能摆脱困境。此外，我们不能诱导人们害怕去做事，当人们对自己的行为和结果负责时，最有效的学习就会发生。事情就是这么简单。

高管们每天要做出 20 项决策，有些大，有些小。在敏捷和赋能的环境中，每位高管每天都会做出 10 项决策，有些重要，有些不重要。在一个有 500 名高管的组织中，这会导致每天做出 5000 项决策。在一年内，这就有近 200 万个决策。

我们在新产品、质量流程以及变革和激励计划的设计上投入了大量资金。在现代知识经济中，产品通常就是决策。为什么我们不考虑如何进行大规模决策呢？我们需要在决策设计上花费与传统的实物产品设计相同的时间，因此重新考虑公司的决策是值得的。

我们需要做两件事：首先，确保您的组织允许个体敏捷决策；其次，确保您的组织拥有支持卓越决策的敏捷系统。以下部分将帮助您执行此项操作。

实施敏捷决策

个体决策

制定决策有很多秘诀和方法。总之,个体决策遵循以下五个步骤:

(1)定义背景。
(2)选择选项。
(3)知道后果。
(4)平衡冲突的需求。
(5)降低风险。

使用工具20"做出选择",仔细思考您的决策。

判断

良好的判断力区分了高管和领导者,它是实现预期结果的、卓越且明智决策的基础。

在特定的情况和背景下做出正确的判断,其他一切都相对不重要。最高领导者的特点是由他们做出的良好决策的数量来决定的。

大多数情况下,高管决策的后果是巨大的,他们的选择会影响他人的生活。敏捷组织中的高管每天都在做决策,决策有大有小,但决定组织成败的是高管的判断,

第 5 章 决策

因此，良好的判断力区分了每个组织的能力。

判断情况的能力是判断的关键标准。一个决策可能导致截然不同的结果，高管需要花时间了解他们做决策的背景。

在组织中，背景由提供度量、方向、实施、信念和边界指导的管理系统决定。系统以规则、惯例和工具的形式存在，帮助人们清晰知道、同向前进、调动能量、保持专注、提高效率、重装能量并利用空间、决策。

在这些系统的背景下，管理人员检查他们的决策是否与组织的整体指导方针一致。因此，系统为良好的决策创造了背景。在高管每天都做决策的知识驱动型环境中，这种背景变得越来越重要。

以人为本管理的动态系统

表 5-1 列出了个体决策系统对组织中大规模决策的要求。设计具有动态特征的系统是建立无处不在的领导力的先决条件。

表 5-1　敏捷决策

杠杆	个体要求	组织要求
清晰知道	意识，目标	增强意识，帮助人们找到目标和自我责任，引入降低复杂性的惯例
同向前进	选择，关系	赋能选择，联结人们以增强知识，授权，确保规则可以处理模糊性

（续）

杠杆	个体要求	组织要求
调动能量	信任，协作	建立信任以减少不确定性，促进协作，自组织和领导交互
保持专注	集中注意力，学习	集中注意力，赋能学习，贯彻大方向，引入应对易变性的工具
提高效率	时间	势头，惯例，周期
重装能量	投入注意力和时间	直接关注，实施心流策略，鼓励健康的压力，参与文化
利用空间	担责	工作场所，结构
决策	理解背景，做出决策，付诸行动	理解、思考、行动和行为的管理系统

个体寻求心流，组织要求绩效，两者的桥梁来自设计具有动态特征的决策。

惯例

关键惯例：反馈、战略制定、预算、目标管理、风险管理。

惯例通过遵循重复性任务的流程来帮助员工提高效率和效果。为应对日益增长的复杂性，惯例应能创造意识而不是控制意识。复杂性就像水，它不能被压实。更强的意识是应对复杂性日益增加的唯一方法。

解决复杂性的传统方法包括解构复杂性、设定目标和授权决策。不断增加的复杂性是低效的、官僚的例行公事和管理流程产生的常见原因。解决这个问题的方法是动态设计,在判断和严谨之间建立平衡。避免强调控制,通过设计日常惯例,赋能高层次的意识,帮助员工找到目标。

规则

关键规则:测量、战略和绩效管理、治理。

规则为决策和行动设定了边界。在模糊性日益增加的时代,规则必须使选择成为可能。当未来不明朗时,决策中的选择比在标准操作流程中表现得更好。更大的模糊性通常是"受感染"的规则和缺乏遵守规则的纪律造成的。处理模糊性的敏捷和速度需要对选择和关系进行动态设计。

交互

关键交互:意义构建、战略对话、作用对话和风险对话。

由于大多数工作需要多人参与,因此交互是协调和合作的手段。为应对不断增加的不确定性,领导者需要信任而非指挥员工。应对不确定性的唯一方法是信任自己的能力。随着不确定性的增加,重要的是对平衡责任与外部控制的管理政策进行定义。解决有缺陷的领导力的方法是更好地设计交互,以改善关系并支持合作。为了防止蔓延的不确定性影响绩效,需要动态设计交互,并具有支持信任和协作的特性。

工具

关键工具：绩效指标、战略、计划、目标、愿景、使命、价值观。

工具支持工作和领导力。为应对更大的易变性，我们需要集中注意力的工具，而不只是瞄准的工具。当事物快速变化时，人们需要可以赖以坚持的东西。运用将注意力集中在重要事项上的工具。在易变性和市场动态不断增加的情况下，正确制定控制政策非常重要，以便在实现自我主动性和促进目标实现之间取得平衡。修复无用工具的方法是重新设计它们，以专注于目标和协作。通过使用有助于人们集中注意力和学习的动态工具，来防止将注意力专注于错误的事项上，而不仅仅是实现控制。

周期

关键周期：企业周期。

在敏捷环境中，个体效率和时间的高效利用来自遵循敏捷周期。敏捷组织维持一个指导"大"管理流程的企业周期，如战略、评审、绩效管理和风险管理。动态设计的企业周期有助于整个组织的决策制定。

文化

关键特性：组织能量。

文化是生产性组织能量释放的结果,能量是投入注意力和时间的结果。因此,高管的领导力和管理系统决定了组织中的大部分文化。维持高效文化的挑战是限制"病毒"的干扰,这些"病毒"会时不时地、有意或无意地潜入管理系统,以瓦解公司的凝聚力。

工作场所

关键特性:担责结构、工作场所。

担责定义了执行空间,结构产生于平衡控制、担责、影响和支持跨度的担责体系。数字通信技术从根本上改变了工作场所,对于很多任务,不再需要亲临现场。敏捷的工作场所是灵活的,独立于位置的,并且促进联结和协作。会面场所成为建立关系和增长知识的手段。

系统

管理系统通过规则、惯例和工具指导组织中的个体决策。动态系统的设计迎合了人的需求,它们支持高管做出决策。

现在是决策茶歇的时候了,您还可以使用工具20"做出选择",来探索您的决策。

我的决策茶歇

✏️ 在做决策时您面临哪些挑战？

_____
_____
_____

👓 您如何做决策？

_____
_____
_____

⊕ 您如何确保在组织中进行大规模的良好决策？

_____
_____
_____

助推器 #12 是关于决策、制定决策、判断和系统的，它们使具有分布式领导力的敏捷管理在 21 世纪的知识时代具有竞争优势。助推器 #13 是关于无处不在的领导力的，让内心游戏、资源使用、担责和决策对组织中的每个人员都有效。

第 5 章 决策

决策

在知识时代,人人都是高管。他们运用内心游戏的原则,并以敏捷的方式使用他们的资源。因此,他们承担领导者角色并做出更好的决策。

要点

- 敏捷决策依赖于内心游戏和个体资源。
- 判断力是区分领导者的技能。
- 大规模决策需要以人为本设计的系统。

行动议程

- 回顾您是如何做决策的——使用工具 20 "做出选择"。
- 使用决策茶歇来思考组织中的大规模决策。
- 使用工具 20 "做出选择",做出您的敏捷选择。

扩展阅读

On judgment: Tichy, M. N. and Bennis, W. E. (2007). Making judgement calls: The ultimate act of leadership. *Harvard Business Review*, October. Accessed 23 April 2020. https://hbr.org/2007/10/making-judgment-calls.

第 6 章 领导力无处不在

凭借内心游戏、敏捷资源和敏捷决策,您现在有机会建立无处不在的领导力并解锁您员工中的人才,以应对动态时代的挑战。助推器 #13 是关于我们如何建立无处不在的领导力的,从以人为本开始,将敏捷发展为规模化的组织和管理能力。

敏捷工作解锁了人才的技能并消除了组织的干扰。通过利用他们的资源,组织可以应对动态环境。在知识时代,高管做决策,敏捷提供了分布式担责和建立无处不在的领导力的机会。其益处是多方面的:您的组织将从所聘用的人才那里获得应有的收益,人才将比任何系统都更好地平衡传统和敏捷;敏捷将帮助您聚焦于客户,并以为社会创造价值的方式推动创新、增长和绩效。

助推器 #13：解锁人才

以人为本的思维转变将解锁人才，并分配无处不在的领导力。

以人为本通过以下方式释放员工的才能：

- **自我负责**：领导者根据目标进行激励。
- **授权**：领导者信任自我 2，并运用他人的知识和技能。
- **自组织**：领导者投入时间和注意力，释放生产能量以彰显他人的伟大。
- **集中注意力**：领导者使用广泛的集中注意力来挖掘他们人才的能量、学习和创造力。

以人为本的转变

向以人为本转变首先需要转变思维：从英雄式的领导到无处不在的集体思想的领导，从传统的组织和管理转向敏捷的组织和管理（见表 6-1）。这种转变从根本上改变了我们的工作环境，以及执行方式和使用资源的方式，这需要一个围绕员工做决策而设计的工具箱。

表 6-1　以人为本的转变

	从传统型……	……至以人为本
工作环境（外部游戏）	稳定、交易、有形	动态、知识、无形

(续)

	从传统型……	……至以人为本
绩效（内心游戏）	计划 – 执行 – 检查 – 行动（PDCA）	意识、选择、信任
资源	权力	能量、注意力焦点、时间、空间、担责
工具箱	等级分明，思想与行动分离	动态工具和决策

在以人为本的组织中，工作环境从交付有形成果转变为应用知识创造无形产品。人们运用内心游戏来应对外部游戏的挑战，从而自主行动。他们依靠自己的资源来完成工作，焦点从权力转移到解锁人才，动态工具箱支持授权决策。

对于大多数高管来说，向以人为本的转变和敏捷选择并不是他们经验的一部分，他们被驯化在一个总是需要传统和有形形式的控制、权力和等级制度的环境中。

敏捷的临界点

向以人为本的转变并不是免费的。对于我们大多数人而言，传统的做事方式是众所周知的，并且深深植根于我们的习惯之中。克服习惯并摒弃过去有效的东西需要能量。然而，从很多成功的转型中，我的敏捷洞察组织观察到，对注意力和时间的投入达到一个临界点（见图 6-1）时，能量就变得富有成效，结果变得清晰可见。

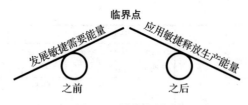

图 6-1 敏捷临界点

临界点是心流发生的决定性时刻之一，回归传统不再是一种选项。已经"跨过卢比孔河"[1]走向敏捷的领导者解释道，能量在流动，他们为重要的事情腾出了时间，集中注意力使他们能够不断学习和适应。

转型

在 21 世纪，"转型"的概念变得流行起来。然而，该词被过度使用，它往往是空洞的，很少被真正理解。我们不应该轻易使用"转型"一词。转型不仅仅是另一种变化。它是一种形式、外观和结构的能量变化，从根本上改变了决策、行为和行动。转型意味着创造以前不存在的新事物，并且无法事先确定。转型是学习和应用新知识，需要经验。

首先是个人的转型。它来自对系统的意识、洞察和学习，这些系统决定了个人和组织如何工作和运营。自

---

[1] 破釜沉舟的意思。

我负责、动机和主动性是超越常规的必要条件。内心游戏提供了学习和完成绩效中必要的心理过程和范式转换所需的结构。

组织的转型则需要勇于引领未知之旅。虽然敏捷提供了基本原则，但敏捷的应用对于大多数人员和组织来说都是新的。我们可以在不同的组织中期待不同的结果。转型本身就涉及对敏捷管理理论的意识、洞察和学习机会的持续创造，它是一个高度个人化的理论，因此将成为您自己的做事方式。没有通用的理论可以应用，您的组织的理论将成为您的管理模式。

信念、模式、习惯和范式主导着管理理论及其实施方式。我们的假设决定了我们如何构建问责制、如何交互，以及我们系统的规则、惯例和工具（见图6-2）。因此，不同组织的架构、领导流程和系统会导致不同的决策、行动和行为。转型挑战了我们的假设。

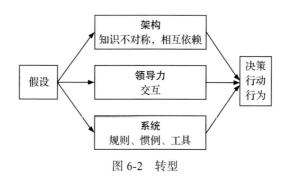

图6-2 转型

诊断式辅导

诊断式辅导（见图 6-3）根据阿吉里斯的推论阶梯理论（阿吉里斯，1990；圣吉，1990）来指导从数据到行动的转型。诊断建立对运营的观察点，绩效三角（见图 2-2）连接模型中创造意义的元素。以人为本的杠杆（参见第 2 章 #3 节）有助于质疑假设。四种运营模式（参见第 1 章）提供了最适合商业模式的管理模式的选择。意识和洞察（参见第 3 章）产生的推论可以为您的选择提供信息并转向以人为本。学习也是反思，它创造了新的知识，新的知识带来了新的体验。

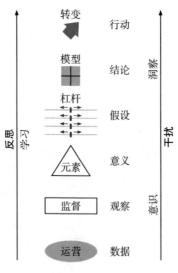

图 6-3　诊断式辅导

第6章 领导力无处不在

使用工具21"从团队开始",可让您的团队参与到您对敏捷的选择中。

积极的假设

通过对员工做出积极的假设来启动敏捷设置:

- 自我负责的员工会变得知识更渊博。
- 员工的知识将决策向下迁移(见图6-4)。
- 员工是高管,他们在客户端根据大方向和广泛关注点做出决策。
- 自组织要求管理者和员工花更多时间进行互动、分享、同步与协作。
- 领导者必须在具有动态系统的去中心化结构中使用互动式领导力。

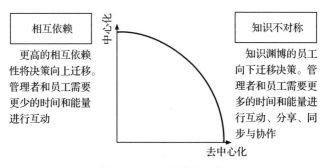

图6-4 相互依赖和知识

这些假设从根本上与传统环境中的假设不同,传统环境倾向于对员工做出负面假设：

- 员工需要控制，而管理者拥有所有的知识。
- 更高的相互依赖性将决策向上迁移（见图6-4）。
- 有权做出决策的管理者——他们使用官僚制度，为控制预留时间和能量。
- 在传统控制系统的中心化结构中，领导者的角色是进行指挥。

敏捷结构消除了依赖关系，并假设员工拥有知识和才能。这就需要能够平衡敏捷性与稳定性以及个性化领导的可规模化系统（见图6-5），从而能够通过交互进行控制。在人们需要处理不断增加的易变性、不确定性、复杂性和模糊性的地方，规模化增加了敏捷性。有才华的人是不一样的，他们有着不同的抱负、才能和技能，个性化的领导力增加了敏捷性，帮助每个人解锁自己的才能并为创造价值做出贡献。

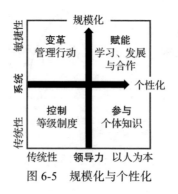

图6-5 规模化与个性化

规模化与个性化

规模化与个性化要求员工、领导者和运营系统对此二者具有双元能力。压力、冲突和角色的模糊性限制了个人的双元能力，而领导团队的多样性是遵循双元策略的关键因素。在保持当前运营的同时，具有不同背景的领导者和不同经验的团队更有可能探索新的方向和能力。相比之下，将个性化和规模化功能整合在一起，让它们由一个人去负责往往不会奏效，还会降低整体的双元性。对于领导者来说，有效的方法是使用个性化的领导力，而对于高管层来说，要确保管理系统的设计是可规模化的。

敏捷需要个体之间的交互，交互是一种有效的控制手段。敏捷交互是个体的，对每个人都是特定的。向以人为本的转变要求领导者站在客户面前，与干系人交互并进行干预，以此作为实施控制的手段。由于交互将变得更加激烈并占用高层管理人员的大部分时间，因此将一些组织和规划工作授权给幕僚长（若是 CEO）、助理（若是高层领导者）或初级经理（相对于其他领导者）是有意义的，他们可以让您有时间与客户打交道。幕僚长可以对数据进行分类，并向领导者提供他们需要领导的内容。

规模化和个性化是选择敏捷所需的两个互补特征。规模化使系统能够在动态环境中运行。在分布式知识的背景下，个性化更新了领导力。对任何运行系统的干预都是转型，因为它们会改变组织中人员的行为、决策和行动。

敏捷转型的动力来自变革的需要（例如，带来重大突破以寻求新的机会），或者是由领导者推动的，他们受愿景驱动，渴望创造未来。无论出于何种动机，整个心态和范式都被迫转变，而结果是未知的。在此过程中，通过不断学习和以前从未采取过的行动，组织结构、领导力和系统会得以创建。

敏捷转型改变了组织架构、领导力和系统，转型方法需要意识、洞察和学习。意识来自能力和资源的监督以及诊断，然后不断审查、测试、质疑和挑战管理理论的实施。有了这些洞察，学习之旅就开始了，从而建立以前不为人知的全新管理模式。

团队努力

以未知的结果进行转型的决策伴随着恐惧，这需要勇气和明确的意图——意识，清晰知道。但是，如果所有答案都是已知的，那么领导力将位于安全地带。转型是团队的努力，也是同向前进的选择。实践表明，任何成功的转型都需要架构师、转换者和实干家（见图6-6），他们相信自己的才能并能够调动能量。

第6章 领导力无处不在

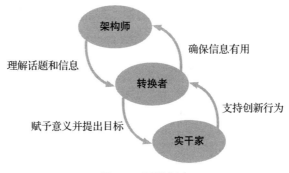

图 6-6　团队努力

架构师是管理、组织和转型设计方面的专家，他们可以帮助您创建最适合您的组织的敏捷系统。转换者是沟通方面的专家，他们可以将您的敏捷信息转化为支持转型努力的活动、培训和体验的交互。实干家是对组织部分担责的高管，他们领导所在部门的转型，其任务是保持能够激发进一步学习的专注力。

我的假设是，大多数管理者没有一个他们自己想要创造的具有独特管理模式的管理理论，但所有管理者都采用某种形式的管理方法。在没有理论的情况下，这是基于运气的中央指挥和控制。因为在实践和理论中管理是无形的，却深深植根于组织的文化中，所以我们不应该有"唤醒沉睡的狗"这一公认的态度，而是应该继续工作。敏捷转型是一种范式转变，符合以人为本的四个杠杆（自组织、授权、自我负责和集中注意力），它确保了预期管理理论的清晰性，遵循了深思熟虑的管理模型，并包括了通过了解什么是最有效的来加以紧急实践。新知识都是通过学习来获得的。

七位高管的敏捷目的地

介绍了内心游戏、资源和决策，现在让我们看看七位高管的敏捷之旅的结论。意识和洞察促进了他们对敏捷的持续学习。

大型保险公司的**首席执行官**通过在线敏捷诊断的洞察增强了敏捷意识。此外，通过使用绩效三角（见图2-2），他建立了一种共同语言，以成功地向敏捷转型。在此基础上，他开始学习，并邀请全球250名关键领导者参加培训，学习以人为本的杠杆及其对创业行为的影响，从而建立绩效管理文化。同时，他的员工用旨在支持人才的惯例和工具取代了官僚体系。项目启动仅一年后，控制诊断（重复敏捷诊断）报告显示，在几乎所有领导力维度上的得分都提高了25%。

大型制药公司的**经理**与美国、欧洲和亚洲的8名经理一起提升了敏捷意识，以提炼关键问题。通过让所有领导者参与制定精心设计的开发路线图，他启动了从传统到敏捷的转型的学习。同时，他改变了管理团队会议的议程，以捕获路线图对创新和结果影响的指标。一年后，控制诊断在大多数敏捷元素上显示出更高的得分，创新得分提高了50%。开发工作继续进行。

全球智库的**架构师**兼幕僚长通过诊断海报会议提高了对敏捷的认识，该会议为管理层和组织之间的敏捷架构概念提供了洞察。接下来，他开始改变管理系统和年度周期，使运营更加灵活，同时，为人才在各活动之间的工作制定议程。几年之内，核心员工从200人发展到500多人，管理模式符合业务需要。

南非一家食品生产商的**转换者**兼CEO办公室主任通过敏捷诊断增强了敏捷意识，并表明需要重新设计组织的管理流程，以更好地指导管理团队的工作。通过重新设计CEO办公室和具有敏捷特性的关键管理流程，她能够更好地将CEO的愿景转化为支持公司所需的混合环境的议程和周期，将传统流程的严谨性与敏捷相结合。随着时间的推移，管理团队建立了一种文化，在敏捷、有效性和创新方面的得分提高了25%。

美国中型城市的**整合者**兼城市经理通过敏捷诊断在他的领导团队中建立了敏捷意识。然后，他让所有领导者使用相同的研讨会模板，跨12个部门开发敏捷工作。通过这种方式，他实施了组织范围内的议程，并找到了更好的工作方式和管理这座城市的方法。其结果是，营造了一种文化，将员工的敬业度提高了50%，同时也提高了敏捷性和服务责任感。

中东一家制糖公司的**董事长**通过继续使用敏捷诊断，在他的管理团队中收获了高度的敏捷意识。通过这种方式，他确保了该组织的发展保持在正轨上。他设置了随着增长而扩展的管理系统，并让他的团队与新成员一起"在系统中工作"（参见第 1 章）。几年之内，这家初创公司就发展成为世界上最大的制糖厂之一。

高管教练和她的那些需要向以人为本转型的客户一起，继续使用本书中的实践，并使用带有可视化设计思维的敏捷诊断与客户合作，先从个人开始转变，然后再对组织进行转型。

意识和洞察是启动敏捷转型的关键，是个人和组织学习并成功转向以人为本的先决条件。

助推器 #13 介绍了敏捷转型以及实现这一目标所需的真正领导力。向以人为本的转变需要经验，然而，以人为本是大多数领导者所没有的经验。好消息是，有才华的人运用他们的学识和动机来引领这个潮流。本书提供了一些其他作者认为对于任何转型都至关重要的外部知识（戴明，1993；乔伊纳，1994；圣吉，1999）。

有了这些，现在是您展示领导力的时候了。进行转变茶歇，开启您转型的最后一个助推器，看看体验式学习是如何在您的组织内启动转型的。

我的转变茶歇

✏️ 在向以人为本和敏捷转变的过程中,您面临哪些挑战?使用工具21"从团队开始"。

_____
_____
_____

👓 您怎样做才能使这种转变发生?

_____
_____
_____

🎯 您如何确保敏捷成为您的组织的选择?

_____
_____
_____

领导力无处不在

敏捷选择涉及自我负责、授权、自组织和目标的转型。

要点

- 敏捷需要思维转变,从根本上改变工作、绩效、组织和管理。

- 敏捷是从以人为本的转变开始的。
- 对于大多数高管来说,敏捷并不是他们经验的一部分。
- 敏捷开发必须达到一个临界点才能显示出它的好处。
- 转型涉及规模化的系统和个性化的领导力。
- 架构师、转换者和实干家可以为您的转型提供支持。

行动议程

- 利用转变茶歇时间思考如何让您的团队参与敏捷。
- 使用工具21"从团队开始",为您的团队参与做准备。

扩展阅读

On the external perspective: Deming, W. E. (1993). *The New Economics*. Cambridge: MIT Press.

On the transformation: Michel, L. (2020). *People-Centric Management: How Managers Use Four Levers to Bring Out the Greatness of Others*. London: LID Business Media.

On the agile design: Michel, L. (2017). *Management Design: Managing People and Organizations in Turbulent times* (2nd ed.). London: LID Publishing.

第 7 章 体验式学习

在上一章中,我们探索了为什么以人为本和敏捷是不同的,对于大多数人来说,这并不是我们经验的一部分。敏捷选择是一种转型,它是从个人思想的转变开始的。作为实现转变所需的个人、团队和组织的经验,助推器 #14 扩展了内心游戏、资源的敏捷使用和决策的制定。

助推器 #14:从新经验中学习

让团队参与敏捷。

内心游戏、资源和决策

我们的思想是过去经验的产物。当驻留在我们大脑和身体中的神经系统被激活时,思想就会出现。思想是行动的大脑，它激活了我们对过去所学和经验的所有记录，包括习惯，这些习惯是顽固的，需要大量的能量来克服。

传统思想认为人们需要控制才能完成事情——这是对人的负面假设。因此，领导者采用控制，即占主导地位的盎格鲁-撒克逊管理模式。敏捷思维依赖自我负责和授权等原则，这些原则都基于对人的积极假设。

我们的思维将物质思想转化为化学信息。当我们激活我们之前激活的思维时，过去的思维模式就会联系起来。同样的想法在重复，同样的情绪在继续，我们称之为"条件反射"。习惯支配着我们，就像自动驾驶仪一样，保持着相同的思想、行为、行动和情感。虽然这对我们的日常生活非常有帮助，但它会阻碍我们消化新事物和学习。习惯意味着与过去有同样的套路，明天依旧这样。要改变状况，我们需要改变我们的思想和感觉。

传统惯例和习惯以传统的方式训练我们的思想，这就是我们的经验。敏捷选择需要不同的经验——敏捷带来收益的经验，这是大多数领导者所没有的。从传统经验到敏捷经验的转变是要通过学习来实现的。

学习连接神经元并重塑认知。当我们关注对我们有意义的知识和信息以及与外部世界交互时，就会产生新的模式。一些新的东西被"打印"成我们大脑中的一个

第 7 章 体验式学习

故事来加强这种连接，学习创造了这些新的连接。现在，我们正处于一个新的阶段。每次我们记起某件事时，我们都会保持连接。

对于大多数传统领导者来说，新事物、敏捷做事方式以及将权力下放给有才能的人会让他们感觉失去了控制力。克服这种传统的心态和恐惧要求个人将思维转变为敏捷，这种转变需要一种心态和信念，即敏捷和对人赋能优于传统控制。

改变能量需要明确的意图和强烈的情感来创造意识，以吸引新的体验。好消息是，为了吸引新的体验，我们只需要加以注意并唤醒意识。

将我们的身体机能从过去转向未来，它需要具备明确意图（大脑）和强烈情感（内心）的领导力。身心一起影响物质，使得我们可以创造现实。反馈有助于我们了解自己是否在做正确的事情。如果我们改变内心的感受和想法，我们就能看到外部的变化。这就是我们如何使敏捷成为一种习惯。

《走向敏捷》旨在增强您的意识、提高敏捷洞察力并提供学习机会，以帮助您转变思维方式，拥抱敏捷，从而释放才能，培养无处不在的领导力。内心游戏（原则）、资源的敏捷运用和卓越的决策是实现目标的手段，即人们如何最好地管理和利用自己的才能。

团队参与

现在，随着您个人向以人为本转变，您已做好准备让您的团队参与，用体验式学习之旅的方式。假设您有展示才能的动机，并且想要学习并快速获得经验。这种学习是对玩转内心游戏所需技能的投资，以敏捷的方式使用资源并做出更好的决策。在转变过程中，架构师、转换者和实干家将为您提供支持。

体验式学习是建立无处不在的领导力、发展敏捷、聚焦客户并推动绩效的循环。它运用内心游戏（意识、选择、信任和专注）来构建团队经验，同时，用内心游戏引领敏捷之旅。理解内心游戏的原理很容易，应用它们则需要技能和奉献精神。

体验式学习（见图7-1）同时"在系统上工作"和"在系统中工作"（参见第1章）。从组织中的某个地方开始，然后将想法扩展到所有其他单元。不要做实验——没有人会拿人来做实验，要将其作为改善工作、组织和管理的一种手段。

领导力无处不在是目标。意识启动学习，让您开始学习。敏捷是您选择的领导力风格，它取代了从来没有奏效的传统变革。相信您的团队会关心客户。将您的注意力集中在卓越的绩效、创新和增长上。

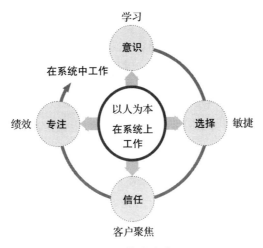

图 7-1 体验式学习

经验是教育的对立面。它结合了"在系统上工作"和"在系统中工作"。不要再让您的领导者参加其他高管发展项目,而要让他们参与创建支持敏捷之旅的系统。使用《走向敏捷》为您的团队和组织提供以下学习机会(与本书中的 14 个助推器相对应):

#1 **绘制挑战地图**:依据您的背景来启动敏捷。

#2 **探索维度**:使用敏捷的个人和制度维度。

#3 **参与内心游戏**:运用意识、选择和信任来实现心流。

#4 **打开亮光**:使用意识来明确敏捷。

#5 **这是您的选择**:依靠自我 2 来选择敏捷。

#6 **信任自己和团队**:调动所有资源,以您的方式实

现敏捷。

#7 管理回报：对能量、注意力焦点和时间进行投资。

#8 强化能量：平衡参与和能量补给。

#9 集中注意力：学会运用敏捷来执行工作。

#10 保持势头：保持敏捷之旅的步伐。

#11 创建空间：使用敏捷担责模板。

#12 建立无处不在的领导力：制定敏捷决策。

#13 解锁人才：敏捷思维转变将使每个人都成为领导者。

#14 从新经验中学习：让每个人都参与敏捷工作。

敏捷之旅

《走向敏捷》为您提供了成功掌握敏捷选择所需的学习体验。通过意识、洞察和学习的技能、工具和框架引导您的敏捷之旅（见图 7-2），以吸引您的团队参与。

建立敏捷意识：利用"敏捷诊断"（工具 4）建立观察点。监督是一种可用于观察和修改设计的机制。通过观察（扫描），可以及早发现潜在的错误和故障。通过了解关键信号，可以识别潜在的设计要求。通过这种方式，领导者可以决定是否解决问题。因此，监督会启动与能力相关的设计变更。

第 7 章 体验式学习

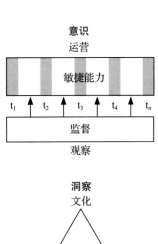

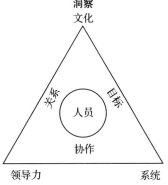

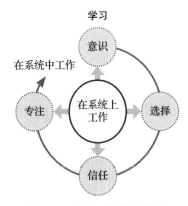

图 7-2 意识、洞察和学习

根据您对敏捷的洞察采取行动：绩效三角（见图 2-2）提炼了敏捷的元素。敏捷能力和设计的使用是有选择性的，采用特定设计的决定排除了其他替代方案。设计过程是关于选择使组织敏捷的管理工具、惯例和规则的。设计需要反思和交互，它不能摆脱政治。这些对话的设置在很大程度上决定了设计的质量。

加快敏捷学习方式：内心游戏提供了遵循敏捷学习方式的技术。监督假定设计是可逆的，而不是固定不变的。虽然深深植根于组织实践并植根于过去，但管理设计和性能可以通过干预来改变。以人为本的转变根据需要改变的决策指导特定的性能开发项目。这样一来，永久性变革的观念就被学习与执行相结合的观念所取代，这是一个迭代过程。

让敏捷有效

惯例若不变，明天总是一样的。成功的领导者会改变他们的状况、思想和感觉。只有当您身处一个超越时空的强大地方（参见第 4 章），您才能开始真正的变革。图 7-3 总结了您和高管们可以采取的步骤和活动，使用本书中的工具和维度来激活体验式学习。从使用工作模板开始。在实施敏捷之前，您的最后一步是体验式学习茶歇。使用图 7-3 让您组织中的敏捷选择有效。

第 7 章 体验式学习

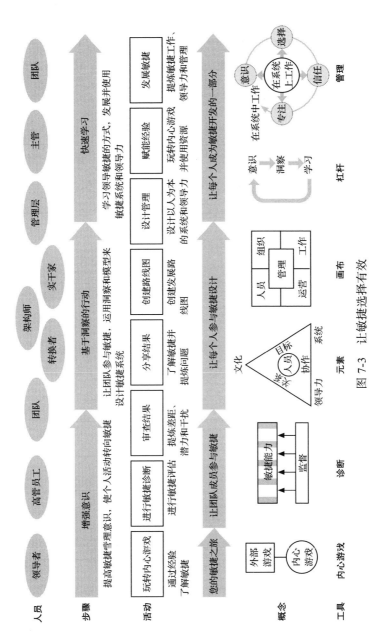

图 7-3 让敏捷选择有效

这就是《走向敏捷》的全部意义所在：高管经验、至关重要的敏捷决策和内心游戏的实践。它可以调动您的所有资源，从而实现迈向以人为本的转变。

我的体验式学习茶歇

✏️ 在学习中您面临哪些挑战？

_____

_____

_____

👓 您如何将内心游戏与学习相结合？

_____

_____

_____

🎯 如何让敏捷学习成为您组织的选择？

_____

_____

_____

体验式学习

从敏捷理念到行动的成功转变只能来自经验和实践。体验式学习使转变发生。

第 7 章 体验式学习

要点

- 经验来自您对自身技能的投入,包括玩转内心游戏、以敏捷的方式使用资源和执行更好的决策。

行动议程

- 在您的组织中使用 14 个助推器来启动敏捷转型。
- 增强意识、深化洞察并促进学习。
- 利用体验式学习茶歇来启动以人为本的转变。

扩展阅读

On people-centric: Michel, L. (2020). *People-Centric Management: How Leaders Use Four Levers to Bring Out the Greatness of Others.* London: LID Publishing.

附录 TOOL 工具

以下 21 个工具可以帮助您走向敏捷。

1. **"病毒"检查**：扫描非敏捷症状
2. **挑战地图**：整合潜力和资源
3. **茶歇一会儿**：停下来思考
4. **敏捷诊断**：识别敏捷成熟度和潜力
5. **审查干系人**：确定他们想要什么以及您想要什么
6. **记录敏捷**：考虑假设、原则、潜力、差距和举措
7. **进入心流**：使用这些步骤更加频繁地进入心流状态
8. **建立意识**：使用这些步骤来获得更高的意识和关注
9. **您的选择**：练习以达到清晰
10. **检查信任**：审查您对团队的信任
11. **审查承诺**：测试给予与获取间的平衡
12. **检查能量**：进行身体、思想、情绪和心理的健康检查
13. **补充能量**：计划您的下一站
14. **集中注意力**：审查您的注意力范围
15. **时间账户**：考虑您如何安排时间

16. **执行时间 101**：遵循时间管理的要点
17. **调整节奏**：识别时间的消耗者
18. **执行步调**：学习发现时间的方法
19. **担责概要**：定义您的空间
20. **做出选择**：了解如何做出决策
21. **从团队开始**：创建意识、分享洞察并向他人学习

1. "病毒"检查

作为领导者，您开始了敏捷之旅。如果您发现以下任何症状，请使用《走向敏捷》作为您的工作手册，开启您的个人旅程，以识别干扰产生的根本原因，并快速地解决阻碍您实现以人为本的问题。

✏ 您的组织是否也存在以下"病毒"？

人员

人员过错：对人负责，而不是对问题负责。

忙碌：我们喜欢忙碌。我们的效率如此之高，以至于没有时间思考。

状态：我们喜欢给人们贴上标签或某种价值功能，这导致我们根据等级而不是能力来评估他们的贡献。

文化

迷恋过去：我们在过去（结果）的报告中展望未来。我们非常害怕丢失传统，以至于我们不会主动改变我们的文化。

危机突袭：在危机中，我们迅速而果断地采取行动，然后我们通常等到下一次危机来袭时，才会采取类似的行动。

事无巨细：我们能力不足，有太多项目和变革，很难知道什么最重要，我们压力很大。

领导力

命令控制：我们喜欢管理层告诉我们如何运作公司，所以当出现问题时，我们不会认为个人应对此负有责任。

风靡一阵：我们在独立的而非整合的举措中从一个变革跳到另一个变革，我们对新的"变革计划"充满质疑。

行动脱节：我们看不到大局，也看不到我们业务单元的工作与团队的关系或与整体战略的契合度。

系统

工程导向，直至出现故障：我们找到了理想的技术解决方案——以牺牲速度获得解决方案为代价。

果胜于因：我们更多考虑需要发生什么，而不是为什么或者关乎谁。

热衷流程：我们被流程消耗过多，实际上并没有做多少决策。

关系

老生常谈：我的业务与公司的业务孰轻孰重。我们喜欢捍卫自己的地盘，有时会排挤符合公司最大利益的事情。例如，我们喜欢躲在团队后面，保护团队免受他人攻击。

严惩不贷：提出批评性问题是不忠和不服从的表现。

平均分配：我们并没有明确关注几个关键的优先事项。每个好点子都会受到关注并占用能量。

目标

盲目服从：即使我们认为它是错误的，当被告知要做时，我们仍会去做。

结果原则：我们喜欢任何方式、任何时间、任何的结果，收获符合我们原则的结果就好。但我们只有在时间或"负担得起"的情况下才会这样做。

动态目标：随着我们的进展，事情会不断变化。

协作

英雄崇拜：我们喜欢英雄。我们喜欢根据特定的个人而不是集体来设定项目、计划和分支机构。

竞争自恋：我们喜欢以个体的身份获胜。

权力模糊：在复杂的矩阵结构中，我们不确定谁拥有最终的责任和权力，所以没有人真正能拍板。

如果您愿意，可以通过添加您的偏好来扩展此列表。

2. 挑战地图

敏捷事关您的业务。通过以下步骤确定您的商业挑战，它们将为您提供以人为本的管理机会。

✎ 挑战

第一，确定您的挑战。您最重要的商业挑战是什么？做一个列表。

A. _____
B. _____
C. _____
D. _____
E. _____
F. _____
G. _____

⚆⚆ 洞察

第二，将您的挑战转移到以下地图中。在四个维度上评估 [从 0（不相关）到 10（高度相关）] 每项挑战：

- **专业性**：您的应用（实践）和洞察（理论）。您能应用自己的知识和经验吗？
- **起源**：您的新思维和完成工作所需新方法的准备情

况。需要新方法吗？
- **时间和注意力**：您对时间和注意力的投入。您能花时间集中注意力吗？
- **能量**：您对能量的投入。它会释放生产能量吗？

第三，连接每个维度的点，获得蛛网图。

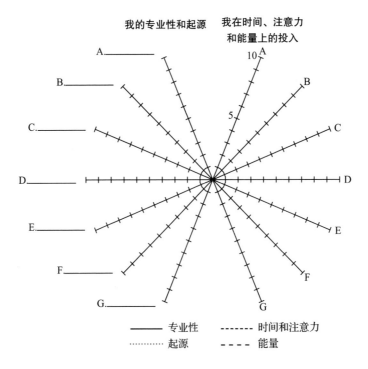

✥ 决策

第四，概括您的结论：您是否在最能增加价值的方面进行投入？有没有更有效的方法？

列出你的决策。

3. 茶歇一会儿

敏捷是应对动荡环境的能力。在压力和挑战更大的时候，应该茶歇一会儿，反思一下自己的处境。以下是以人为本的茶歇步骤：

放松：让自己与当前情况保持一定距离，如您的活动、情绪和思想。

花点时间：找到最能支持您反思和思考的身心环境。考虑到您的挑战，回答以下问题：我想实现什么目标？目的是什么？我的议程是什么？它从何而来？优先事项是什么？哪里需要做出改变？我应该朝哪个方向走？如何判断？目前势头如何？后果是什么？关键绩效变量是什么？缺失什么？什么才是正确的问题？我想要什么？好玩吗？它会带来乐趣吗？它对其他人意味着什么？我的假设是什么？我可以调动哪些资源？我的心态如何？

组织起来：思考不会自行组织。这有助于遵循不同的计划、模型或战略。

继续前进：思考不能代替行动。到达每一站后都要继续向前走。在每一天、每一个项目和每一个变化的开始和结束,都需要花点时间休息一会儿。消除干扰,纠正错误的沟通并学习。

4. 敏捷诊断

敏捷选择是一种转型,它从根本上改变了领导者和员工的行为、决策和行动。这种转变并不能保证成功。为了提高您的成功率,本书概述了三个步骤——意识、洞察和学习,您可以遵循这些步骤来成功地转向以人为本。敏捷诊断启动该过程。

敏捷诊断提供了20个问题来帮助您建立一个基础,从中开始讨论优先事项,并决定您的转型选择。诊断是一种结构化方法,用于收集输入和知识,以便审视您的组织。清晰的起点会大大提高成功率。

敏捷诊断回答了两个问题:

(1)您的组织有多敏捷?

(2)您可以做些什么来发展以人为本和敏捷?

下面是开始的方法:回答问题的第1部分和第2部分,圈出您的分数。

根据您对第1部分和第2部分中问题的回答,在您继续阅读时将您的分数转换为以下可视化效果:

运营模式:第1章,我的商业挑战茶歇。回答第17~20题。

人员：第 2 章第 1 节，我的人员维度茶歇。回答第 12 ~ 15 题。

组织：第 2 章第 2 节，我的组织维度茶歇。回答第 2 ~ 6 题。

管理：第 2 章第 3 节，我的管理维度茶歇。回答第 17 ~ 20 题。

工作：第 2 章第 4 节，我的工作维度茶歇。回答第 7 ~ 9 题。

目标：第 2 章第 4 节，我的目标茶歇。回答第 2 题和第 4 ~ 6 题。

关系：第 2 章第 4 节，我的关系茶歇。回答第 2 题和第 3 题。

协作：第 2 章第 4 节，我的协作茶歇。回答第 3 ~ 6 题。

运营：第 2 章第 5 节，我的运营维度茶歇。回答第 1 ~ 16 题。

敏捷成熟度：第 2 章第 5 节，我的敏捷成熟度茶歇。回答第 1 ~ 16 题（根据运营维度茶歇中的说明计算动态能力得分）。

然后，对于人员、组织和工作维度，用彩色荧光笔标记每个分数，如下所示：

- **绿色**：高分，80 ~ 100，表示敏捷能力高。
- **黄色**：中等分数，60 ~ 79，表示敏捷能力中等。
- **红色**：低分，0 ~ 59，表示敏捷能力低。

有了颜色，您的分数就变得有意义了。

问题第 1 部分：敏捷能力

| 强烈反对 | 不同意 | 中立 | 同意 | 非常同意 |

考虑组织的运营环境，回答以下问题：

1. 我们以有吸引力的战略和适当的能力兑现对客户的承诺。

                                 0 13 25 37 50 63 75 88 100

2. 领导者和员工对工作的执行方式有着相同的理解。

                                 0 13 25 37 50 63 75 88 100

3. 领导者就期望和绩效与员工进行富有成效的对话。

                                 0 13 25 37 50 63 75 88 100

考虑您所在部门的绩效，回答以下问题：

4. 我们的管理政策（例如决策权、治理方法、绩效和风险管理），指导我们的决策、行动和行为。

                                 0 13 25 37 50 63 75 88 100

5. 我们的管理流程（例如绩效测量和反馈、目标协议、业务审查），帮助我们有效率且有效果地工作。

                                 0 13 25 37 50 63 75 88 100

6. 我们的管理工具（例如绩效指标和目标、愿景、价值观、战略、风险限制、绩效目标），帮助我们确定正确的优先事项，并将工作重点放在最重要的事情上。

                                 0 13 25 37 50 63 75 88 100

考虑您的团队动态，回答以下问题：

7. 我们可以跨组织边界自由协作并交换信息，以实现协同效应和影响力。

                                 0 13 25 37 50 63 75 88 100

| 强烈反对 | 不同意 | 中立 | 同意 | 非常同意 |

8. 我们可以依靠相关关系来支持我们的工作。

0 13 25 37 50 63 75 88 100

9. 我们能够在我们的工作中找到目标,建立清晰的身份,并全身心地投入到工作中。

0 13 25 37 50 63 75 88 100

关于您的组织如何竞争和发展,回答以下问题:

10. 我们的组织以创新著称。我们能够将想法变为现实,并为客户的项目增加价值。

0 13 25 37 50 63 75 88 100

11. 我们的组织抓住了相关的机会并稳步发展。

0 13 25 37 50 63 75 88 100

考虑您的工作伦理,回答以下问题:

12. 我可以访问相关信息并寻求反馈,以明确重要事项。

0 13 25 37 50 63 75 88 100

13. 我能够将注意力集中在重要的事情上,不受干扰。

0 13 25 37 50 63 75 88 100

14. 我得到了团队的信任,可以调动资源完成工作。

0 13 25 37 50 63 75 88 100

15. 对于我需要做什么以及如何执行这些任务,我有足够多的选择。

0 13 25 37 50 63 75 88 100

16. 在工作中,我可以充分发挥自己的潜力。例如,我可以自由地应用我所有的知识、能力和创造力。

0 13 25 37 50 63 75 88 100

问题第2部分：以人为本的潜力

| 强烈反对 | 不同意 | 中立 | 同意 | 非常同意 |

考虑您的组织如何帮助员工清晰知道，使用下面的量表来回答这些问题：哪种陈述最适合您的情况？

17. 领导者将信息保密，告诉人们该做什么，并检查他们的工作

         0 13 25 37 50 63 75 88 100

   自我负责的员工在他们所做的事情中找到目标并完成工作

考虑您的公司如何朝着一个方向发展，使用下面的量表来回答这些问题：哪种说法最适合您的情况？

18. 领导者拥有决策的权力和洞察。他们确定工作任务、设定目标并指明方向

         0 13 25 37 50 63 75 88 100

   知识广泛分布于在客户面前做出决策并采取行动的员工中

考虑您的组织如何调动能量，使用下面的量表来回答这些问题：哪种说法最适合您的情况？

19. 领导者参与全面的预算和资源分配

         0 13 25 37 50 63 75 88 100

   自组织是我们按需分配资源并协作的原则

考虑您的组织如何保持关注，使用下面的量表来回答这些问题：哪种陈述最适合您的情况？

20. 领导者使用一套全面的指标和详细的绩效目标来实施战略

         0 13 25 37 50 63 75 88 100

   领导者指导员工如何通过一系列方向性目标来更好地集中注意力

5. 审查干系人

敏捷不能孤立地工作，它要迎合您的干系人。您的干系人想要什么？他们有什么贡献？您想从他们那里得到什么？下面的列表包括一些通常的干系人，但您也可以随意替换成自己的干系人。

干系人	他们想要什么	您想从他们那里得到什么
员工		
客户		
投资者		
供应商		
监管者		
社区		

然后考虑以下问题：

- 三个最重要的干系人需求是什么？
- 您最重要的三个需求是什么？
- 它们相互匹配吗？

寻找干系人需求与您和组织需求之间的平衡，平衡来自以人为本的管理。

6. 记录敏捷

当您完成第 2 章"领导力的五个维度"，并记录您对组织的敏捷特性和以人为本的管理要求的想法时，下面的画布可以用作笔记模板。

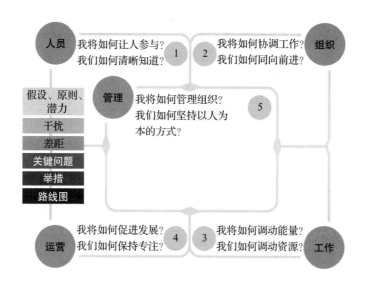

7. 进入心流

心流是清晰的、专注的、大脑和心灵融合的状态，是以人为本特性提供敏捷结果的状态。

以下是您可以做的一些事情，以更频繁地进入心流。

明确您的优先事项和意图：如果没有对绩效的热情、对学习的野心和对乐趣的渴望，您会更频繁地失去专注，更难集中注意力并进入心流区域。因此，要明确您的意图和优先事项。清晰将调动您的能量，加强您的专注力，集中您的注意力，让您回到心流区域。

确保反馈：反馈应该是即时和直接的。短的周期会产生更强烈的心流体验。更多的反馈意味着更多的权力和控制：

- 激活您所有的感官——意识到您自己。
- 接收外部信息时不要分心，将负面反馈控制在一定范围内。

关注当下：

- 全神贯注：心流要求您活在当下。
- 了解过去，但专注于当前任务和现在。

控制可控：

- 找到您工作中的可控元素。
- 控制是人们需要的安全感和权力感，而缺乏控制会导致自负或恐惧，从而限制了参与。
- 心流需要新的挑战：挑战与控制之间要保持平衡，想要体验这一点，您需要扩展您的极限。

玩得开心：

- 专注于乐趣——您的内在动力。

8. 建立意识

敏捷取决于意识。当集中了的注意力闪耀光芒时,您所看到的就是意识。这里有五个以人为本的步骤,您可以使用它们来提高您对眼前挑战的意识。

唤醒意识

您的注意力越集中,就能越快地唤醒意识。

- **触发器**:让您的想法畅通无阻,通过问题寻找关联性并将您的挑战可视化。
- **时间**:想法和见解来得很快。您可能觉得时间停止了,您需要多少时间来质疑或想象?
- **干扰**:理性的想法经常挤占我们的创造力和直觉,记住这一点。

唤醒意识需要身体、情感和心理上的一致。以下是您的意识测试:要达到高水平的意识,您需要获得高分。圈出您觉得最适合的数字,然后在下面写下总数。

					身体量表						
紧张	1	2	3	4	5	6	7	8	9	10	放松
					情绪量表						
消极	1	2	3	4	5	6	7	8	9	10	积极
					心理量表						
干扰	1	2	3	4	5	6	7	8	9	10	专注

想要达到强意识，取决于您在运营中如何找到平衡：

- **让自己舒服**：防止任何干扰，保持舒适；消除紧张，完全放松；呼吸。
- **静下心来**：选择一个词语、一个句子或一个声音，在几分钟内，深呼吸，小声地说出来。数到十，然后倒数，直到您完全专注。
- **可视化**：想象一个能激发您灵感的东西，专注于它，直到您的大脑是空的。
- **充电**：找到对您来说象征着力量和能量的图像或东西，以此来激活信号。激活您的内在动机，并用它把消极变成积极。
- **设置触发器**：当您达到强意识时，赋予其一个符号或标记，这样您就可以通过激活触发器来触发清晰。练习使用触发器，以便您可以在具有挑战性的情况下使用它。

集中注意力

聚焦以实现注意力的集中是比较容易的。但注意力很容易褪去，重新抓取并保持它更是困难的。

对于高管来说，处理挑战、困难的话题和问题通常是重要的、严肃的且情绪化的。这就需要您经常集中注意力以达到强意识和高度的清晰。因此，重要的是能够快速激活该过程，并将其保持在较高的水平。集中注意力需要能量、纪律和控制。

以下是您可以参考执行的操作：

- 不要担心您做得如何，把它看成一场游戏——内心游戏。
- 不要寻找答案——答案会来的。
- 对新的洞察持开放态度。
- 唤醒意识——观察。
- 继续专注于您需要考虑的事情。
- 重新专注。当干扰源出现时，重新集中注意力以获得高水平的意识。

这是您的选择

领导者倾向于从澄清活动开始，但意识始于意图。

挑战的定义越清晰，意图就越清晰。意图越清晰，可用的选项就越多。选项越好，解决方案就越有可能成功。

以下是您可以参考执行的操作：

- 从问题开始。
- 问自己为什么这很重要。
- 关注定义意图的指标。
- 定义最佳方法。

相信您的直觉

为了提高对具有挑战性的情况和决策的意识，考虑不同的观点很重要。这可能会改变您的观点，但一旦您做出选择，请相信它。

改变观点意味着：

- 换个视角来看待。
- 更改时间范围。
- 放眼大局。

视觉化您的意图

视觉化是一种能力，利用您的想象力来思考如何实现您的意图。这是大多数领导者不具备的能力。

确保用数据和分析来支持您的直觉。

以下是您可以参考执行的操作：

- 比较优势和劣势。
- 删除备选方案。
- 将选项与参考点进行比较。
- 计算概率。
- 评估所做的权衡。

9. 您的选择

敏捷需要选择，而选择是自我负责的前提，这是您做出选择所需的条件。在将敏捷作为一项关键选择时，您可以采取以下以人为本的行动。

集中注意力

集中注意力是实现强意识的手段。集中注意力，尤其是在关键时刻，是领导者的一项独特技能。这是一种无形的纪律和表现：将所有身体、心理和情感资源倾注在一件事情上的能力。

您的选择

事后对决策做出判断是容易的，但在做出选择之前做出判断则是一门艺术。但是您会知道在什么时候自己已经拥有了较强的意识并做出了选择。您将经历以下一些情况：

- 正能量：良好的体验、乐趣和能量。
- 对解决方案的承诺：一种与意图一致的感受。
- 选择之后最小化干扰。

没有这种意识就没有领导力。以下标准可用作测试，以确定您正在考虑的决策是否正确：

- 节省时间。
- 减少不必要的活动。
- 释放生产能量。
- 彰显组织的目标。
- 使团队专注于一个方向。

心流状态

心流状态是最强意识导致的显而易见的选择。就是有以下这些感觉：

- **情绪**：积极、满意、不害怕、不担心、不怀疑、精力充沛、自信。
- **心态**：开放、平静、专注、受控、在当下、有意识。
- **身体**：安静、放松。

干扰

专注于自我 2 是您处理干扰的方式。五种常见的干扰源分别是迷失方向、缺少边界、情绪失控、缺乏远见和选择困难。

可以消除或限制以下外部干扰：

- **多任务**：避免它，因为这会妨碍您保持专注。
- **竞争**：与自己竞争、与他人竞争都会产生您自身不需要的压力。
- **中断**：专注和意识需要能量，补充能量需要时间。

10. 检查信任

敏捷建立在信任之上，信任是见效最快的管理概念。当存在信任时，您可以将决策授权给客户前端的人员，并在整个等级结构中缩短冗长的审批流程。为了提高组织的效率，您需要检查信任情况。这就是信任比任何其他管理概念都能创造出更多价值的原因。授权取决于以人为本的管理者相信员工能够胜任工作。

✏️ 这是您的信任测试：列出您的团队成员，然后根据您对每个成员的信任程度给他们打分。

我的团队 / 信任程度　　　　　　　++　+　+/−　−　−−

1. _____
2. _____
3. _____
4. _____
5. _____
6. _____
7. _____
8. _____
9. _____
10. _____

👓 现在，获得"−"或"−−"评级的人员占用了您多少时间和注意力？

⊕ 以下是有关信任的一些注意事项：

人员：

- 当领导者优秀时，员工就会信任他们；当领导者卓越时，员工就会信任自己。
- 与员工打交道时，信任是一件再正常不过的事情：因为信任是一种风险，所以它是绩效的一部分。
- 人们谈论信任，总是在缺失信任的时候。当信任不存在时，信任就会出现。
- 不信任自己，信任就行不通——这需要勇气。减少控制需要信任。

领导力：

- 您百分之八十的注意力和时间都会被您不信任的团队成员所占用。
- 为了提高效率，领导者需要放手、信任并减少控制。
- 不信任会引发消极情绪。它总是从领导者开始，从低期望开始，从对负责人的无知开始，从对负责人的不信任开始，从感觉自己比别人更了解开始，从过度控制开始。
- 不信任不需要理由，信任则需要理由。

关系：

- 给予信任会产生回报信任的义务（互惠），它趋向于平衡，这意味着信任是有代价的。越多的信任，意味着越少的传统性控制。
- 人们来到制度中，却离开了领导者，这很能说明信任和关系的问题。

系统：

- 信任边界是系统崩溃的地方——这是组织面临风险的地方。
- 信任可以提高效率、降低交易成本并建立承诺。
- 有了信任，就无须调整系统来完成工作，这减少了采取行动所需的时间。
- 信任作为一种控制，具有较低的交易成本，它无须正式的合同协议即可生效。
- 每项商业交易都需要信任。
- 信任是在效率经济中生存所需的唯一资源。
- 破坏信任的不是控制，信任需要控制，控制是信任的先决条件。保持这种平衡很重要。

✎ 您的信任笔记：

11. 审查承诺

承诺和信任密切相关，它们与"给予和获取"的概念相关联：

- **获取**干系人对组织的期望（组织能够满足的需求）。
- **给予**是干系人为组织带来的东西（他们所贡献的是组织想要的）。

在敏捷组织中，信任需要在给予和获取之间取得平衡，以及对给予回报和获取收益的承诺。在理想情况下，在信任和承诺的空间里，给予和获取是平衡的。

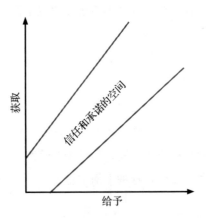

✎ 以下是您的承诺测试：使用需求列表，明确干系人希望您提供或贡献什么，以及您希望干系人提供什么，然后使用干系人地图，绘制信任如何在您的组织中为

附录 工具

每个干系人群体创造承诺和价值。

干系人	他们想要什么	您想从他们那里获取什么
员工	目标、关怀、技能和报酬	体力、智力、思想和观点
客户	快速、正确、便宜和简单	利润、增长、意见和信任
投资者	回馈、回报、价值和忠诚	资本、信贷、冒险和支持
供应商	利润、增长、意见和信任	快速、正确、便宜和简单
监管者	合法性、公平性、安全性和真实性	规则、理性、清晰和建议
社区	工作、忠诚、正直和财富	声誉、技能、供应商和支持

干系人地图：使用干系人列表中的项目来判断给予和获取之间的平衡。

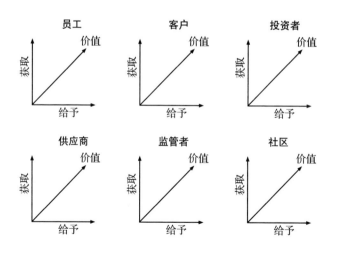

✦ 当干系人的给予和获取达到平衡时，您就通过了干系人的测试。您则处于以人为本的管理领域。您的干系人的给予和获取是否达到平衡？您学到了什么？

229

12. 检查能量

敏捷是一种投资：对注意力和时间的投资，释放出生产能量。能量是有限的，时不时需要进行补充。以人为本的管理建立在能量使用和能量投资的良好平衡之上。以下这个测试，您可以用它来测量能量分布在哪里。

标出符合您情况的答案。

身体：

- 我经常睡眠不足，而且经常在疲倦的情况下醒来。
- 我经常不吃饭或吃得不够。
- 我没有进行足够的体育锻炼。
- 我不是经常通过休息来恢复能量。

大脑：

- 我难以专注于一件事，并且经常被打断。
- 我一天中的大部分时间都在应对危机或短期需求。
- 我没有花足够的时间来学习、思考和做有趣的事情。
- 我经常长时间工作，不休假。

情绪：

- 我经常感到烦躁、不耐烦或受到压力的困扰。
- 我没有足够的时间处理重要的关系。

- 我很少有时间参加我最喜欢的活动。
- 我很少花时间放松和享受我的表现。

精神：

- 我没有把时间花在发挥我所有才能的工作上。
- 我认为重要的不是我将时间、注意力和能量用在哪里。
- 我的工作是由别人决定的，而不是遵循我自己的目标。
- 我没有投入足够的时间和能量进行社交活动。

记下答案的数值是：＿＿＿＿＿＿＿＿＿＿＿＿＿＿＿＿＿

0～3：极好的能量平衡

4～6：合理的能量平衡

7～10：严重的能量不平衡

11～16：能量完全不平衡

您需要做什么？思考您能做些什么来补充您的能量。使用工具13"补充能量"。

13. 补充能量

敏捷需要能量，能量需要更新和补给。制订计划，通过以下以人为本的行动更频繁地暂停以补充能量。

✏️ **身体：** 哪些实践可以帮助您调动能量？

例如：加强营养、运动、睡眠等。

✏️ **情绪**：哪些实践可以帮助您找到更高质量的能量？
您可以通过呼吸、故事、目标等来控制自己的情绪，找到正能量。

✏️ **大脑**：如何发挥您的潜力并限制干扰？
提高意识、集中注意力，尽可能消除干扰。

✏️ **精神**：您如何磨砺精神？
找到目标和意义。

14. 集中注意力

敏捷取决于集中注意力的能力，而集中注意力需要能量。集中注意力和能量都是有限的资源。这就是为什么考虑"将注意力放在何处"是件有意义的事。

首先完成下表中的前三列。

✏ 您的注意力

需要您集中 注意力的地方	重要性	紧迫性	优先级
	1 2 3 4 5 6 7 8 9 10	1 2 3 4 5 6 7 8 9 10	
	1 2 3 4 5 6 7 8 9 10	1 2 3 4 5 6 7 8 9 10	
	1 2 3 4 5 6 7 8 9 10	1 2 3 4 5 6 7 8 9 10	
	1 2 3 4 5 6 7 8 9 10	1 2 3 4 5 6 7 8 9 10	
	1 2 3 4 5 6 7 8 9 10	1 2 3 4 5 6 7 8 9 10	
	1 2 3 4 5 6 7 8 9 10	1 2 3 4 5 6 7 8 9 10	
	1 2 3 4 5 6 7 8 9 10	1 2 3 4 5 6 7 8 9 10	

然后完成第四列，按照以人为本的优先事项对各方面进行排序。每个领域需要投入多少注意力？您预计会出现哪些干扰？

15. 时间账户

敏捷将效果与效率相结合。时间是一种稀缺资源，这就是您需要记录它的原因。从您的日历中选择一个月，并计算您在以下每个方面使用的时间，根据需要添加您自己的项目。

✏ 您的时间

主题	时间（小时和分钟）	细节	范围
战略			
汇报			
审查			
项目			

(续)

主题	时间（小时和分钟）	细节	范围
危机			
行政			
人员			
财务			
沟通			
团队			
社交			
总计	—		

然后，在第四列中，根据您在这些方面花费的时间对它们进行排名。从您的角色来看，最重要的五个主题、任务或决策是什么？您是否用以人为本的方式投入了时间？

16. 执行时间 101

以下是一些关于利用时间的要点。将此用作时间投资清单。

101 清单

管理您的会议：

- 将运营与战略分开。
- 关注行动而并非讨论。

- 通过会议流程和标准来开展工作。

跟随您的节奏：

- 关注相关主题和活动。
- 随时应对变化。
- 调整意图和资源。

有效利用时间：

- 保持高效的沟通。
- 有效处理干扰、偏差和异常。
- 创造私人的、安静和放松的时间。

管理互动：

- 信任和授权。
- 响应请求，说不。

意识到并集中注意力：

- 谨慎投资您的资源。
- 平衡绩效、学习和乐趣。

建立边界：

- 明确什么是超出范围的。
- 平衡私人和商业。

设置您的议程：

- 处理承诺。
- 执行您的议程。

17. 调整节奏

时间是能量的来源，时间和能量都是有限的资源，这就是为什么考虑"如何投资时间"是件有意义的事。

首先完成下表中的前三列。

✏️ **您的时间**

哪些主题需要您投入时间	重要性	紧迫性	优先级
	1 2 3 4 5 6 7 8 9 10	1 2 3 4 5 6 7 8 9 10	
	1 2 3 4 5 6 7 8 9 10	1 2 3 4 5 6 7 8 9 10	
	1 2 3 4 5 6 7 8 9 10	1 2 3 4 5 6 7 8 9 10	
	1 2 3 4 5 6 7 8 9 10	1 2 3 4 5 6 7 8 9 10	
	1 2 3 4 5 6 7 8 9 10	1 2 3 4 5 6 7 8 9 10	
	1 2 3 4 5 6 7 8 9 10	1 2 3 4 5 6 7 8 9 10	
	1 2 3 4 5 6 7 8 9 10	1 2 3 4 5 6 7 8 9 10	

然后完成第四列，根据您的优先级对各主题进行排名。每个主题需要多少时间？您预计会受到哪些干扰？

18. 执行步调

以人为本的经理会评估自己如何利用时间。以下是您需要考虑的事项：

✏️ **您的"此时此地"**。写下关于您的组织的五句话。

您处在哪个时代？您的回答是展现过去、现在还是未来的？

✏️ **您的议程**。您如何利用时间？您是依照自己的节奏和流程，还是创建待办事项列表？

我发现那些创建待办事项列表的人员在创建待办事项列表上比完成任务本身花费更多的时间。时间压力以及对时间表和截止日期的需求，限制了创造力和连续性。

✏️ **您的注意力**。是什么打断了您的时间？您如何解决？

请注意，时间是一种资源，而不是限制条件。

✏️ **您的心流**。您如何看待时间？

进度表和日历限制了我们计划和实施智能变革的能力。

✏️ **您的节奏**。您如何安排时间？

按块划分您的时间，这就为创造力和自发性留出了时间。

✏️ **您的效果**。您如何塑造时间？

把时间当作一种连续性而不是一个时钟，防止惯例介入。

✏️ **您的模式**。您遵循什么模式？它们有帮助吗？

模式是时间上的事件，随着时间的推移，这些事件将变得有意义。

✏️ **您的步调**。您的节奏是什么？每天、每周、每月还是每年？您如何影响它以使自己受益？

选择正确的节奏是组织转型的关键。当您选择正确的节奏时，不需要付出太多的努力，能量会在组织中流动，并改善人际关系、情绪和绩效。注意您的组织的节奏。

✏️ **您的势头**。您如何利用特殊时刻来发挥自己的优势？

正确的强劲势头释放出充足的生产能量。当发生变化、产生新事物时，要利用这种势头，而不是跟随您预设的习惯、官僚主义和控制。

如果今天您重启工作，您会怎么做？花点时间思考您的工作以及如何度过您的时间。

19. 担责概要

敏捷建立在个人的担责之上。担责概要建立了执行空间，这是以人为本的工作模板。有关已完成模板的示例，参见图 4-5。

职务：CEO	
职位	**担责**
职责：	**测量指标和结果：**
报告给：	**任务：**
控制：	**权利：**
资源：	
协作	**概要**
影响：	**控制跨度** 少量资源 ——— 大量资源
职责：	**担责跨度** 很少选择 ——— 很多选择
支持：	**影响跨度** 组织内部 ——— 组织外部
被支持：	**支持跨度** 少量支持承诺 ——— 大量支持承诺

20. 做出选择

每一位知识工作者都是管理者，他们做出决策。做决策是高管的职责和权利。

通过设置规则、惯例和工具，您的组织可以指导组织中的大部分决策。

复杂而艰难的决策往往会带来以下后果：风险、困惑、怀疑、错误、遗憾、担忧和损失。

对决策的感觉可能包括以下几点：自我怀疑、压力、承诺，以及对过去和未来的担忧。

敏捷要求您在选择时遵循以人为本的原则。

现在，是您选择敏捷的时候了。您可以使用以下步骤。

✏️ 您处于一个什么样的环境？

- 新的洞察和信息提供了新的视角。
- 坚持自己的观点。
- 了解影响决策的因素。
- 记下您希望通过决策所消除的顾虑。
- 在目标定义中分离结果和资源。
- 说明您希望通过决策来实现的目标。

⊕ 记录下您的意图

✏️ 有哪些选项？

- 选项带来更好的选择。
- 您永远不能选择一个没有考虑过的选项。
- 问问"为什么"这需要解决。
- 给直觉时间，并相信它。

- 向他人征求意见——开放对话。
- 寻找备选方案——对新事物、更多事物持开放态度。

◎ **阐明您的选择**

✏️ **后果是什么？**

- 想象未来。
- 了解后果。
- 把它们写下来，让头脑保持清醒。
- 排除不良备选方案。

◎ **阐明您的后果**

✏️ **您如何平衡相互冲突的需求？**

- 仅关注一个需求无法处理具有冲突需求的决策。
- 从来没有完美的解决方案——总是需要平衡需求。

◎ **阐明您如何处理相互冲突的需求**

✏️ 您如何降低风险？

- 您最紧迫的风险是什么？
- 这些风险最可能的结果是什么？
- 这些风险发生的概率是多少？
- 每种风险的后果是什么？
- 评估降低这些风险的替代方案。

🎯 阐明您的风险以及如何降低风险

21. 从团队开始

选择敏捷之后，是时候以三种方式与您的团队分享您的想法了：

- 鼓励他人参与到您对敏捷的意识中。
- 让其他人看到您对敏捷的洞察。
- 让其他人学习您的敏捷理念。

✏️ 让您的团队参与进来

建立意识：采纳他人的观点

做些什么	说些什么
分享您的监测结果，解释您的观察，表达您赋予元素的意义，陈述您对杠杆的假设	以下是我对敏捷的看法…… 我是这样得出我的假设的……

（续）

做些什么	说些什么
解释您的假设	我认为以下关于管理和组织……
明确您的推论： • 谁受到影响 • 他们将如何受到影响 • 为什么	我之所以得出这个结论，是因为我们当前的结果和潜在的敏捷能力（干扰、潜力、结果）……
分享这个想法的例子	想象一下，工作、管理、组织等是……

分享洞察：测试您的假设

做些什么	说些什么
鼓励其他人探索您的模型、杠杆和元素	您觉得这个想法怎么样
揭示您思维的局限	以下是您可能帮助我更好地理解的方面……
倾听、保持开放并鼓励其他人的意见和观点	您有不同的看法吗？这与您的见解相比如何

向他人学习：让团队参与进来

做些什么	说些什么
通过阿吉里斯的推论阶梯（阿吉里斯，1990；圣吉，1990）温和地引导他人——提供您的理由	是什么让您得出这样的结论的 您能帮我理解吗
解释您询问的原因	我在这里向您询问您的假设和担忧，因为……
检查您对所听到内容的理解	您的意思是……我是对的吗

关于作者

卢卡斯·米歇尔（Lukas Michel），是总部位于瑞士的 Agility Insights AG 的所有者，也是 AGILITYINSIGHTS.NET 的首席执行官，它是一个由经验丰富的商业顾问团队组成的全球网络。

除了在大学讲学、授权自己的敏捷辅导方法、撰写管理问题以及建立咨询网络，卢卡斯还是一位商业领袖，在为多家欧洲和亚洲跨国公司工作时，他保持着让客户公司财务业绩良好的记录。

在他40多年的职业生涯中，他与世界各地的高管团队合作，专注于为各地区、各国以及全球性组织提供管理建议和敏捷辅导。

在过去的20年里，卢卡斯一直在开发诊断式辅导，这是一个提供诊断、通用框架和语言的方法论，用于在组织各层级之间扩展能力。

他拥有北卡罗来纳州立大学的管理学硕士学位以及纺织管理和教学学士学位。

卢卡斯是《绩效三角》《管理设计》《人本管理》和《走向敏捷》的作者。

参考文献

Anzengruber, J. (2013). SKM, die Strategie des Erfolgs: das Kompetenzmanagement bei der Siemens AG. In Erpenbeck, J., von Rosenstiel, L. and Grote S. (eds.) *Kompetenzmodelle von Unternehmen: Mit praktischen Hinweisen für ein erfolgreiches Management von Kompetenzen.* Stuttgart: Schäffer-Poeschel, p. 315–327.

Argyris, C. (1991). Teaching smart people how to learn. *Harvard Business Review*, 69(3): 99–109.

Argyris, C. (1990). *Overcoming Organizational Defenses.* Boston: Allyn and Bacon.

Bruch, H. and Ghoshal, S. (2004). *A Bias for Action: How Effective Managers Harness Their Willpower, Achieve Results, and Stop Wasting Time.* Boston: Harvard Business School Press.

Clemens, J. K. and Dalrymple, S. (2005). *Time Mastery: How Temporal Intelligence Will Make You a Stronger Leader.* New York: Amacon.

Csikszentmihalyi, M. (1990). *The Psychology of the Optimal Experience.* New York: Harper & Row.

Deming, W. E. (1993). *The New Economics.* Cambridge: MIT Press.

Drucker, P. F. (1967). *The Effective Executive: The Definitive Guide to Getting the Right Things Done.* New York: Harper Business Essentials.

Gallwey, W. T. (2000). *The Inner Game of Work.* New York: Random House.

Habermas, J. (1988). *Moralbewusstsein und kommunikatives Handeln.* 3. Aufl. Frankfurt a M.

Hamel, G. (1998). Strategy innovation and the quest for value. *Sloan Management Review*, Winter: 7–14.

Hax, A. C. and Majluf, N. D. (1996). *The Strategy Concept and Process: A Pragmatic Approach.* New York: Palgrave.

Joiner, B. L. (1994). *Fourth Generation Management.* New York: McGraw Hill.

Klein, G. (2009). *Streetlight and Shadows.* Boston: MIT.

Mankins, M. (2004). Stop wasting valuable time. *Harvard Business Review*, September. Last accessed 23 April 2020. https://hbr.org/2004/09/stop-wasting-valuable-time.

March, J. G. (1991). Exploration and exploitation in organizational learning. *Organization*

参考文献

Science, 10(1): 299–316.

Michel, L. (2020). *People-Centric Management: How Leaders Use Four Levers to Bring Out the Greatness of Others*. London: LID Publishing.

Michel, L. (2017). *Management Design: Managing People and Organizations in Turbulent times* (2nd ed.). London: LID Publishing.

Michel, L. (2013). *The Performance Triangle: Diagnostic Mentoring to Manage Organizations and People for Superior Performance in Turbulent Times*. London: LID Publishing.

Michel, L., Anzengruber, J., Wölfe, M. and Hixson, N. (2018). Under what conditions do rules-based and capability-based management modes dominate? *Risks*, 6(2): 32.

Neely, A., Adams, C. and Kennerly, M. (2002). *The Performance Prism: The Scorecard for Measuring and Managing Business Success*. London: Financial Times/Prentice Hall.

Nold, H., Anzengruber, J., Michel, L. and Wölfle, M. (2018). Organizational agility: Testing validity and reliability of a diagnostic instrument. *Journal of Organizational Psychology*, 18(3): DOI 10.33423/jop.v18i3.1292.

Nooteboom, B. (1999). The combination of exploitation and exploration: How does it work? EGOS Colloquium, Knowledge and Organization Track, Warwick, 3–6 July.

Schwartz, T. and McCarthy, C. (2007). Manage your energy, not your time. *Harvard Business Review*, October. Last accessed 23 April 2020. https://hbr.org/2007/10/manage-your-energy-not-your-time.

Senge, P. M. (1999). *The Dance of Change*. New York: Doubleday.

Senge, P. M. (1990). *The Fifth Discipline*. New York: Doubleday.

Simons, R. (2005). *Levers of Organization Design: How Managers Use Accountability Systems for Greater Performance and Commitment*. Boston: Harvard Business School Press.

Simons, R. (1995). *Levers of Control: How Managers Use Innovative Control Systems to Drive Strategic Renewal*. Boston: Harvard Business School Press.

Simons, R. and Davila, A. (1998). How high is your return on management? *Harvard Business Review*, January–February. Last accessed 23 April 2020. https://hbr.org/1998/01/how-high-is-your-return-on-management.

Sprenger, R. (2007). *Das Prinzip Selbst-verantwortung: Wege zur Motivation*. Frankfurt a M: Campus.

Sprenger, R. (2007). *Vertrauen führt: Worauf es in Unternehmen ankommt*. Frankfurt a M: Campus.

Stacey, R. (2000). *Complexity in Management*. New York, NY: Routledge.

Tichy, M. N., and Bennis, W. E. (2007). Making judgement calls: The ultimate act of leadership. *Harvard Business Review*, October. Last accessed 23 April 2020. https://hbr.org/2007/10/making-judgment-calls.

Weick, K. (1995). *Sensemaking in Organizations*. London: Sage.

最新版
"日本经营之圣"稻盛和夫经营学系列
任正非、张瑞敏、孙正义、俞敏洪、陈春花、杨国安 联袂推荐

序号	书号	书名	作者
1	9787111635574	干法	【日】稻盛和夫
2	9787111590095	干法（口袋版）	【日】稻盛和夫
3	9787111599531	干法（图解版）	【日】稻盛和夫
4	9787111498247	干法（精装）	【日】稻盛和夫
5	9787111470250	领导者的资质	【日】稻盛和夫
6	9787111634386	领导者的资质（口袋版）	【日】稻盛和夫
7	9787111502197	阿米巴经营（实战篇）	【日】森田直行
8	9787111489146	调动员工积极性的七个关键	【日】稻盛和夫
9	9787111546382	敬天爱人：从零开始的挑战	【日】稻盛和夫
10	9787111542964	匠人匠心：愚直的坚持	【日】稻盛和夫 山中伸弥
11	9787111572121	稻盛和夫谈经营：创造高收益与商业拓展	【日】稻盛和夫
12	9787111572138	稻盛和夫谈经营：人才培养与企业传承	【日】稻盛和夫
13	9787111590934	稻盛和夫经营学	【日】稻盛和夫
14	9787111631576	稻盛和夫经营学（口袋版）	【日】稻盛和夫
15	9787111596363	稻盛和夫哲学精要	【日】稻盛和夫
16	9787111593034	稻盛哲学为什么激励人：擅用脑科学，带出好团队	【日】岩崎一郎
17	9787111510215	拯救人类的哲学	【日】稻盛和夫 梅原猛
18	9787111642619	六项精进实践	【日】村田忠嗣
19	9787111616856	经营十二条实践	【日】村田忠嗣
20	9787111679622	会计七原则实践	【日】村田忠嗣
21	9787111666547	信任员工：用爱经营，构筑信赖的伙伴关系	【日】宫田博文
22	9787111639992	与万物共生：低碳社会的发展观	【日】稻盛和夫
23	9787111660767	与自然和谐：低碳社会的环境观	【日】稻盛和夫
24	9787111705710	稻盛和夫如是说	【日】稻盛和夫
25	9787111718208	哲学之刀：稻盛和夫笔下的"新日本 新经营"	【日】稻盛和夫